주식투자
1도 모르는
주린이를 위한

미라클 주식

주식투자 1도 모르는 주린이를 위한

미라클 주식

초판 1쇄 인쇄 2021년 5월 15일
초판 1쇄 발행 2021년 5월 20일

지은이 이승훈

감리·감수 신미숙

발행인 이승훈 | **발행처** (주)석청출판

등록 번호 제 639-86-01441호

주소 서울시 강서구 공항대로 242 열린엠타워 2, 707호

전화 02-2661-3737 | **팩스** 02-2663-3737

이메일 seokcheong1994@naver.com

ISBN 979-1197407-50-5 03320

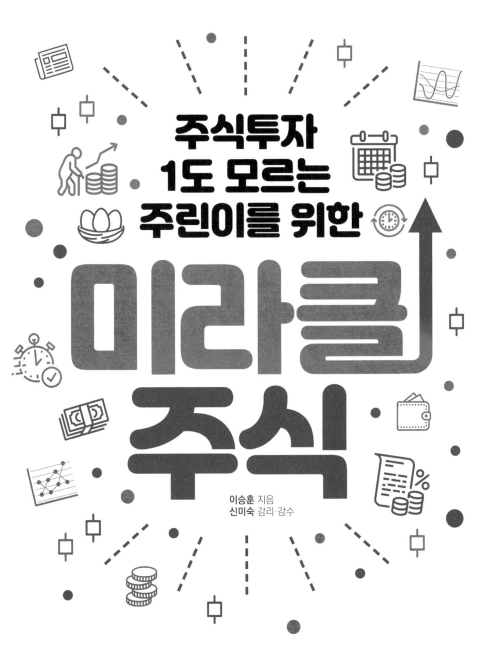

주식투자
1도 모르는
주린이를 위한

미라클
주식

이승훈 지음
신미숙 감리·감수

석청출판

서문

"월급만 믿다가 벼락 거지"
"8시 50분이면 화장실 가는 주식 열풍"

2040 회사원, 씁쓸한 주식 광풍

매일 아침 8시 50분 무렵이면 서울 용산구 소재 IT 기업 직원들이 하나둘 화장실로 간다. 9시 정각에는 7층 80좌석 가운데 10여 석이 비어 있다. 오전 9시는 국내 주식시장이 열리는 시각이다. 이 회사 직원 이모 씨는 "집단 배탈이 아니라, 주식에 투자하는 직원들이 전날 밤 뉴스를 반영해 최대한 빠르게 주식을 사고팔려고, 상사 눈을 피해 스마트폰을 이용할 수 있는 화장실로 몰려가는 것"이라고 했다. 코로나바이러스 치료제 개발 소식이 전해진 이달 10일 아침에는 20여 명이 한꺼번에 자리를 비우기도 했다.

— 「조선일보」 2020. 11. 28.

요즘 주식시장이 뜨겁다. 주변을 둘러보면 주식을 하지 않는 사람들을 찾아보기 힘들 정도이고 삼삼오오 모이면 주식 얘기가 빠지지 않는다.

월급에 의존하여 안정적으로 저축하던 사람들도 주변에서 주식으로 한 달 월급을 벌었네, 1년 치 연봉을 벌었네 소리가 들려오니 상대적 박탈감에 너 나 할 것 없이 주식투자에 뛰어들고 있다. 2020년은 코로나19 대유행 상황이 오면서 실물 경제는 어려워지고 있는데 주식시장은 역대 최고치를 경신하고 있다. 저점 대비 2배가 넘는 종합주가지수 상승에 개별 종목은 몇 배에서 수십 배까지 급등하는 종목들이 속출하고 있다.

주식은 안 하는 게 위험하다. ─ 존 리(메리츠자산운용 대표)

이제 주식이 필수인 시대가 되었다.

내가 처음 주식을 할 때만 해도 부모님과 주변에서 주식을 만류했고 온통 주식으로 패가망신한 사람들 얘기만 했다. 그러나, 세상이 바뀌었다.

이제는 주식을 하지 않으면 벼락 거지가 되는 세상이다.

주식은 부자가 될 수 있는 많은 기회를 줌과 동시에 엄청난 리스크가 있는 곳이다. 원금이 보장되지 않을 뿐만 아니라 빚까지 질 수 있는 곳이다. 그래서 공부를 해야 하고 책을 읽어야 한다.

시중에 수많은 책이 주식투자와 관련한 정보를 제공하고 있다. 너무나 다양한 책들이 나와 있어서 초보자들은 선택하기 쉽지 않을 것이다. 주식을 시작하는 기초정보를 제공하는 책부터 주식매매를 할 때 다양한 수익을 내는 기법들을 제시하는 책들이 넘쳐난다.

여러분이 책을 읽고 공부하는 이유는 무엇인가? 바로 돈을 벌기 위해서이다. 주식을 통해 돈을 버는 것이다.

그동안 다양한 책을 읽고 공부를 해오신 분들이나 초보이신 분들에게 강력히 권고한다.

'주식으로 돈을 벌고 있는가? 아니라면 이 책을 읽어보라!'

주식을 처음 시작한 초보와 주식을 하고 있지만 수익을 내지 못하는 분들을 위해 이 책을 쓰게 되었다.

주식은 쉽고 단순하다.

많은 사람이 오해하고 있다. 지식과 정보가 많아야 주식을 잘할 수 있는 것은 아니다. 기본적인 지식과 정보가 필요하지만 그게 전부다.

주식에 대한 방대한 지식과 정보는 오히려 혼란을 야기한다. 단순할수록 돈을 벌 확률이 높아진다. 이것이 주식의 매력이다. 주식은 전혀 어렵지 않다.

'주식은 쉽다.'

'주식은 단순하다.'

'단순함을 반복하라.'

이 책에서 전하고자 하는 바는 위의 세 문장이다.

이 책에서는 군더더기를 빼고 주식에 필요한 핵심을 전달하고자 한다. 이것만 실천한다면 반드시 주식으로 돈을 벌 수 있다.

이제 주식은 선택이 아닌 필수이다.

이 책을 통해 '주식은 쉽다.'는 것을 이해할 수 있을 것이다. 독자들의 적은 노력만 보탠다면 성공적인 투자를 할 수 있다. 이 책은 주식에 왕초보인 당신을, 주식을 해도 손해만 보던 당신을, 수익을 창출하는 사람으로 바꾸어 놓을 것이다.

주식을 통한 경제적 자유를 만끽하는 그 날까지 여러분의 건승을 기원한다.

2021년 3월 이승훈

차례

4장 왕초보도 쉽게 따라 할 수 있는
미라클 주식투자 5가지 법칙

5장 미라클 주식투자의 대가들

왜 미라클
주식투자인가

왜 주식인가

지금 주식 열풍이 불고 있다.

동학 개미 운동이 2020년 주식시장에 화제였다.

2021년에도 지속되고 있다.

왜 많은 사람이 주식시장으로 몰려들고 있는가?

토마스 피케티에 따르면 자본이익률이 노동이익률을 능가한다고 말하고 있다. 필자도 많은 사람이 이것을 점차 깨닫기 시작했기 때문에 주식이나 부동산으로 몰려들고 있다고 생각한다.

또한, 부동산 가격이 너무 급등해서 20, 30대가 접근하기 힘들어지자 주식으로 몰려들고 있다고 생각한다.

《자본주의》를 보면 그 원리를 자본주의를 쉽게 이해할 수 있다.

이제 자본주의 세상에서 저축만으로 부자 되기란 결코 쉬운 일이 아니다. 아니 불가능하다!

한국의 부자들, 나아가 세계의 부자들은 저축하고 아껴서 부자가 된 것이 아니다. 부동산이나 주식의 가격이 올라서 부자가 된 것이다.

일례로 일론 머스크(테슬라 최고경영자)와 제프 베이조스(아마존 창업자)는 주가 급등으로 세계 최고 부자가 되었다. 이 때문에 테슬라와 아마존의 주가 상승과 하락은 그들에게 세계 최고 부자의 자리를 번갈아 내주고 있다.

이들은 불과 몇 년 전까지만 하더라도 세계 100위 안에 들지도 못했지만, 주가가 급등하면서 세계 최고의 부자가 된 것이다.

만약 몇 년 전에 아마존이나 테슬라의 주식을 매수했다면 자산을 많이 불릴 수 있고 부자가 될 수도 있었을 것이다.

외국뿐만 아니라 한국에도 급등한 종목들이 많다. 적게는 몇 배에서 수십 배까지 급등을 하면서 많은 이들을 부자로 만들어 주었다.

부자가 되려면 열심히 저축하는 것을 떠나 투자를 잘해야 한다. 주식은 이제 선택이 아닌 필수가 된 것이다.

취업이 힘들어지고 있다.

세상에서 가장 빨리 99.9% 부자 되는 법 김장섭의 《내일의 부》 1권에 보면 청년들이 왜 취업이 되지 않는지 설명하고 있다. 코로나19 대유행으로 실업률이 급증했지만, 그 전부터 청년들의 취업은 점차 힘들어지고 있었는데 그 이유를 세계화라고 말한다.

세계화는 세계와 경쟁하는 시스템인데 세계화를 대처하지 못하고 있기 때문에 청년실업 문제가 해결되지 않는다고 얘기한다.

일자리는 기업이 만드는 것이고 기업환경이 안 좋으면 일자리도 줄어들 수밖에 없다고 얘기한다. 정부에서 공무원을 늘리고 있는데 공무원은 국가에 돈을 벌어오는 개념이기보다는 국가의 돈을 분배하는 개념이라고 보았다. 결국 진짜 일자리는 기업이 만드는 것이고, 기업이 수출해서 달러를 벌어오는 것이 곧 일자리 창출과 연결된다고 강조한다.

그리고 바로 이 역할을 하는 것이 대기업이라고 했다. 여기서는 왜 중소기업이 아니고 대기업인지를 대만과 비교하여 설명하고 있다.

대만은 중소기업 천국임에도 어려워지고 있지만, 한국은 삼성전자, SK하이닉스처럼 대기업이 4차산업혁명의 도래와 함께 눈부신 성과를 내면서 대만을 압도했다고 강조한다. 이처럼 대만과 한국이 다른 성과를 낸 이유는 중국 때문이며 대만의 중소기업이 하는 일들을 중국이 모두 빼앗아 가고 있다고 했다. 이어 한국의 삼성전자와 SK하이닉스의 첨단 기술은 중국이 할 수 없는 기술을 가지고 있기 때문에 뺏기지 않는 것이라고 설명한다.

그러나 현재 정부 정책은 친기업적이지 않기 때문에 청년실업이 쉽게 해소될 리가 없다고 얘기하고 있다.

취업도 힘들어지고 힘들게 번 돈을 저축해도 낮은 이자 수익으로 허탈감을 느끼게 되면서 점차 새로운 투자처로 주식이 각광받고 있다.

실패에서 배운 교훈: 주식은 쉽다

주식이 쉽다고

주식을 처음 하는 분들에게 주식이 쉽다고 하면 어떻게 주식이 쉽냐고 물을 수 있다. 주식으로 패가망신한 수많은 뉴스를 들은 지인들은 주식을 위험하고 어렵게만 생각하는 경우가 많다. 주식이 쉽다는 말을 쉽게 이해하기 어려운 것은 당연하다.

그러나 이 책을 끝까지 읽게 되면 주식이 쉽다는 말에 동의하게 될 것이다.

가난이라는 이름의 두 글자

어릴 적부터 가난이 너무 지긋지긋했다. 가난이 부끄러운 것은 아니지만 불편한 것은 분명하다. 하고 싶은 것이 많았지만 할 수 없었고, 이로 인해 놓치게 된 기회가 많았다. 학창 시절부터 부자가 되는 것이 꿈이었다. 누구나 한 번쯤 생각해 보는 부자의 꿈을 무엇이 이루게 해줄지에 대해서 생각했다. 부자들은 세상의 수많은 직업과 일 중에 어떤 것으로 돈을 버는지 궁금했고 세계의 부자들은 무엇으로 부자가 되었는지 찾아보게 되었다. 지금은 세계의 부자 순위가 바뀌었지만, 그 당시만 해도 세계 1, 2위를 빌 게이츠와 워런 버핏이 다투고 있었다. 빌 게이츠는 마이크로소프트 사를 창립했기에 잘 알고 있었다. 워런 버핏은 회사를 세운 것이 아님에도 주식으로 세계 부자 반열에 올라 있었다.

이왕이면 세계 부자들이 하는 것을 따라하기로 했고 빌 게이츠처럼 세계적인 회사를 차리는 것은 내 능력상 힘들어 보였다. 그래서 선택한 것이 워런 버핏의 경우처럼 주식이었다.

지금 생각해 보면 참 단순하게 생각했지만 나쁜 선택은 아니었던 것 같다.

주식 초창기의 내 모습

내 수첩에 '제2의 워런 버핏이 되자.'라고 적고 주식을 하겠다고 부모님과 지인들에게 말하고 다녔다.

내 얘기를 들은 부모님과 친구와 지인들은 걱정이 태산이었다. 왜 하필이면 많은 것 중에서 주식을 하느냐고 말이다.

그 당시가 2008년 미국 서브프라임 모기지(주택담보대출)이 터지고 얼마 되지 않은 시기였기에 뉴스에서는 연일 미국이 망했다느니, 주식투자한 누가 자살했다느니 하면서 온통 안 좋은 얘기만 가득했기 때문이다. 당연히 부모님은 평소 성실하던 내가 주식을 한다고 하니 걱정이 태산일 수밖에 없었다. 그러나 주변에서 누가 뭐라고 하든지 주식을 하리라 확고하게 결심한 나를 말릴 수 있는 사람은 아무도 없었다.

처음 주식을 했을 때 주변에 주식을 하는 사람이 아무도 없어서 책을 읽고 강의를 들으러 다녔다. 막상 시작은 했지만, 주식은 나에게 생소한 분야였고 무엇보다 아무도 좋은 얘기를 하지 않는 주식에서 살아남기 위해서 고군분투했다.

하루에 4시간씩 자면서 공부하고 노력했다. 주식이 무엇인지 조금씩 해답이 보이는 것 같았다. 금방 부자가 될 것 같은 기분도 들었다. 그러나, 그 당시에 내가 실수한 것이 있었다.

바로 제2의 워런 버핏이 되자는 결심을 까맣게 잊어버린 것이다.

주식이라는 본질을 보지 않고 단기매매 위주의 공부만 하다 보니 수익이 났다가 손실이 나기를 반복하며 쳇바퀴를 돌았고 결과적으로 수익 금액보다 손실 금액이 커지기 시작했다.

난 지금까지 80여 년간을 증권계에 몸담아 왔지만, 장기적으로 성공한 단기 투자자를 본 적이 없다. ― 앙드레 코스톨라니

내가 위의 조언을 일찍 깨달았다면 수업료를 절약하지 않았을까 생각이 든다.

손실을 보다 보니 마음이 조급해지기 시작했고 원금 회복에 대한 마음으로 잠이 오지 않았다.

온통 24시간 내 머릿속은 주식 생각으로 가득 찼고 일상 생활이 불가능할 정도로 온종일 주식만 생각했다.

주식과 관련 없다고 생각되는 것은 철저히 외면했다. 심지어 밥 먹는 시간도 아까웠다. 이렇게 노력하면 당연히 결과가 나와야 하는데 생각처럼 쉽지는 않았다. 결국, 소위 말하는 깡통 계좌가 되었고 이 같은 일은 몇 년에 걸쳐 반복적으로 일어났다.

어느날 나는 자신을 돌아보게 되었다.

'내가 주식을 모르는 것이 아닌데 왜 계좌는 계속해서 파란색으로 손실이 반복될까?'

무엇이 문제일까

매매하는데 수익이 나지 않는 것이 이해되지 않았다. 몸과 마음이 점차 피폐해졌고 답은 보이지 않았다.

　주식은 무조건 열심히 한다고 되는 일이 아니다. 무턱대고 열심히 매매하면 손실만 늘어날 뿐이다.

　주식으로 손실이 난다면 문제가 무엇인지를 분석하고 매매전략을 수립해야 했다.

　초창기에는 원금 회복의 마음이 앞서다 보니 빨리 수익을 내려고 급등하는 종목들을 쫓아다녔고 그 결과 계좌의 손실이 점점 늘어난 것이다.

　매매를 중단한 후 책을 읽고 연구하며 원인을 분석하며 공부했고, 책 속에서 만난 투자 대가들의 가르침을 통해 문제점을 발견하게 되어 성공 투자의 길을 서서히 찾게 되었다.

　브라운스톤이 쓴 《부의 인문학》에 의하면 투자에 관한 여러 석학과 투자 거인들을 다루고 있는데 그 가운데 주식투자로 수익을 낸 케인스(영국의 경제학자)에 대한 내용을 다루고 있다.

　케인스는 주식투자 초기 시절에 매매 타이밍에 초점을 맞춘 투자를 했다고 한다. 그는 주식시장이 미인선발대회나 의자 뺏기 게임과 비슷하다고 생각했기 때문이다. 주식시장에서 성공하려면 자기 생각보다 대중의 생각과 행동을 예측하는 것이 더 중요하고 대중보다 한 박자 빨리 움직여야 돈을 벌 수 있다고 보았기에 케인스는 대중의 투자 행동과 경기변동을 예측하고 이를 이용해서 돈을 벌려고 했다. 그런데 1929년 대공황으로 인해 투자에서 대실패를 경험하게 되면서 경기예측에 따른 타이밍 투자 방식이 불가능하다는 것을 깨달았다고 한다. 인간의 능력으로는 경기를 예측하고 주식을 살 타이밍을 예측할 수 없다는 결론을 얻게 된 후 인간이 할 수 있는 것과 할 수 없는 것을 분명히 구분하였다고 한다. 케인스는 인간은 이성적으로 행동하지 않고 본능적 충동으로 움직이는 존재이기에 행동을 전혀 예측할 수 없다고 보았다.

내가 계속해서 손실을 보았던 이유 중 하나는 위에서 살펴본 케인스를 통하여 깨달을 수 있었고, 케인스의 견해는 지금도 손실을 보고 있는 투자자들, 주식을 시작하는 초보자들에게 시사하는 바가 크다.

주식으로 단타를 하는 이유 중 하나는 남보다 빨리 저점에 사서 고점에 팔 수 있다고 생각하기 때문이다. 온종일 모니터 앞에서 밥 먹을 시간도 아껴 가면서 매매하는 이유가 바로 여기에 있다. 이렇게 노력하는 투자자 중에서 상위 몇 퍼센트만이 성공하고 나머지는 실패하게 만드는 것이 단기매매이다.

주식은 결코 상위 몇 퍼센트만 성공할 수 있는 어려운 것이 아니다. 누구나 수익을 낼 수 있다. 단시간에 빨리 돈을 벌어야겠다는 탐욕과 조급함 같은 것들이 성공 매매의 길로 가는 것을 막고 있다.

개인투자자는 주식을 어렵게 한다

손실의 늪에서 헤매게 했던 원인을 나중에 깨달았는데 바로 쉬운 주식을 어렵게 하고 있다는 것이었다.

이게 무슨 말인가 하면, 주식매매는 크게 단기매매와 장기매매로 나눌 수 있다. 이 둘 중에 수익을 내기 어려운 매매는 단기매매이다. 주식을 하는 대다수 개인투자자는 단기매매를 하고 있다. 바로 어려운 매매를 하는 것이다. 내가 힘들고 어려운 매매를 했던 이유도 바로 단기매매를 했기 때문이다.

단기매매는 종합예술이라고 할 정도로 엄청난 지식과 정보, 집중력, 노력 등이 필요하다.

단기매매의 장점은 단기 수익률이 상상을 초월한다는 것이다. 긴 시간을 걸쳐 매매하며 꾸준한 수익을 만들어가는 장기매매와 달리 단기매매는 단기간의 주가 등락률을 이용한 매매이기에 상당히 매력적으로 보인다.

나도 처음에는 막연히 제2의 워런 버핏이 되겠다고 구호만 외쳤지 단기매매의 유혹에 흠뻑 빠져 있었다.

시중에 보면 단기간에 몇백에서 몇천 퍼센트의 수익률을 자랑하는 책들이 많이 있고 초창기의 많은 초보 개인투자자들이 접할 수 있게 되어 있어 상당히 매력적이다. 나 또한 예외는 아니었다. 그러나, 그것에 함정이 있었다. 나도 비싼 강의료를 내면서 단기매매를 배웠고 소위 말하는 상위 3%의 고수가 되면 그야말로 주식시장의 돈은 내 은행 계좌의 **역할을** 하게 될 것이라는 환상에 빠졌었다. 직접 고수의 계좌를 보면서 내 눈으로 확인을 했기에 미련을 버릴 수가 없었고, 계속해서 깡통을 차는 가운데에서도 고수만 되면 나도 엄청난 수익으로 보상받게 될 것이라는 기대를 했었다. 그런데 문제는 왜 상위 3%라고 말하겠는가? 100명 중 3명만이 성공하는 확률이다. 100명이 도전한다고 해도 그중에서 상위 몇 명만이 성공하게 되는 것이다.

나는 그 부분을 간과했고 지금도 수많은 주식을 하는 개미라 불리는 개인투자자들이 단기매매 고수가 되고자 부단히 노력하며 시장에 피 같은 돈을 수업료라는 명목으로 갖다 바치고 있다.

이 책을 쓰게 된 이유가 여기에 있다.

13년 동안 주식을 하면서 몸소 체험하며 깨달은 것들을 전달해 드리고 싶은 것이다.

나처럼 수업료를 지불하지 않고 주식을 통한 수익을 쉽게 낼 수 있도록 도와드리고 싶은 마음으로 이 책을 쓰고 있다. 하수와 고수가 불공정한 경쟁을 하는 곳이 주식시장이다.

이렇게 치열한 주식전쟁터에서 안정적인 수익을 낼 수 있는 길을 안내하고자 한다. 주식을 접하게 되는 초보자분들은 대부분 책을 통해 주식을 배우게 되고 시중에 나와 있는 대부분의 책은 금방 부자가 될 것처럼 우리를 유혹하는데, 대부분이 단타 고수들이 쓴 책들에 불과하며 이들의 공통점은 몇백에서 몇천 퍼센트의 수익을 자랑한다는 것이다.

그러나 그들은 상위 3% 이내의 고수이고 아무나 따라 할 수 없는 것이다. '서울대 가는 법'의 책을 읽는다고 하더라도 모두 서울대생이 될 수는 없다. 입학생에는 정원이 있고, 그 정원에 드는 사람만 서울대생이 될 수 있다. 주식에는 정원이 없다 하더라도 단타 고수가 되는 인원은 확률적으로 상위 소수이다.

지금은 사라진 사법고시 제도를 잘 알 것이다. 우리나라의 수재라면 한 번쯤 생각해 보았을 사법고시는 합격하면 부와 명예가 따라오던 등용문이었다. 사법고시 제도가 사라진 이유를 잘 생각해 보아야 한다. 사법고시 폐인이라는 얘기를 들어보았을 것이다.

수년에서 10년이 넘는 기간 동안 사법고시의 패스를 위해 인생을 허비하는 사람들을 일컫는 말이다.

10년을 투자하더라도 합격하면 그동안의 고생을 보상해 주기 때문에 미련을 버리지 못하고 계속해서 공부한다. 시간이 지난다고 합격보장이 높아지는 것이 아니다. 매년 더 어린 똑똑한 친구들이 시험을 보게 되고 합격 확률은 비슷하다. 투자한 시간과 노력, 돈이 아까워서 시험을 포기하지 못하게 된다.

얼마 전 TV에서 서울대를 졸업한 노인을 방영한 적이 있다.

어릴 적 엄청난 수재라는 소리를 듣고 서울대 법대를 갔지만, 사법고시에서 실패해 일평생 폐인처럼 살고 있었다.

이는 사회적으로 봤을 때 엄청난 손해이다.

지금 당신의 모습을 돌아보길 바란다.

당신은 지금 어느 길을 가고 있는지 생각해 보기 바란다.

만약, 당신이 상위 3%의 주식 고수가 되기 위해 노력하고 있다면 이 책을 읽고 자신을 냉정하게 되돌아보기 바란다.

단기매매의 주식 고수가 되어 엄청난 노하우와 매매 기술, 마인드를 장착하고 경제적 자유를 누리고 있는 상상을 하고 있는가? 상위 3% 이내의 사람만이 누리게 되는 미래다.

만약 당신이 97%에 속한다면 이제 선택을 해야 한다. 계속 도전하고 노력하여 단타 고수가 될 것인지 아니면 안정적이고 쉬운 미라클 주식투자로 누구나 될 수 있는 경제적 자유를 만끽할 것인지 말이다.

여기에서 중요한 것은 미라클 주식투자가 단기매매 고수보다 수익이 적다고 말한 적은 없다. 기간을 두고 보면 적을 수 있지만, 장기적인 관점에서 보면 수익이 큰 경우가 훨씬 많다.

그것은 나중에 얘기하겠지만 마법같은 복리의 법칙이 있기 때문이다.

장기투자자는 적은 액수의 돈으로 짧은 시간 내에 백만장자가 될 수는 없다. 그러나 장기적으로는 가능하다. ─ 앙드레 코스톨라니

주식 원리를 이해하라

모든 것에는 원리가 있다.

먼저 주식을 하면서 가장 중요한 것은 주식에서 일어나는 원리를 이해하는 것이다. 미라클 주식투자는 이 원리에 기반하여 주식을 통한 수익을 내도록 안내할 것이다. 당신이 주식으로 손실을 보는 이유는 원리도 모른 채 열심히 하기 때문이다.

예를 들어 수영의 원리를 모르고 물에 들어가면 물에 뜰 수 없다. 처음 수영을 배울 때 호흡법과 물에 뜨는 법을 가장 먼저 배운다. 물에 뜨기 위해서는 몸에 힘을 빼야 한다. 몸에 힘이 들어가면 가라앉게 된다.

처음 수영을 배울 때는 무서움 때문에 몸에 힘이 자꾸 들어간다. 특히, 배영을 배울 때는 물이 귀에 잠길 때까지 힘을 빼고 누워야 한다. 몸에 힘을 주면 가라앉게 된다.

이처럼 수영도 원리가 있다. 물에 뜨고 호흡하는 원리를 이해하여 팔 젓기와 발차기를 하나씩 배워나가면 물에서 자유롭게 수영을 하게 된다.

주식을 처음 접하는 대다수는 기본 원리를 배우지 않고 주변에서 주식으로 돈을 벌었다고 하니 바로 주식계좌를 열고 종목을 매수한다. 초심자의 행운으로 처음에는 돈을 벌 수도 있지만, 지속적인 돈을 벌기는 어렵다.

주식을 잘하기 위해서는 먼저 주식의 흐름을 이해해야 한다. 흐름을 이해하지 않고 어떤 종목에 투자한다면 성공은 우연일 뿐 절대로 지속되지 않는다.

주식을 잘하기 위해서는 주식을 잘하는 두뇌를 만들어야 한다. 주식을 하다 보면 자신이 생각한 것과 다르게 행동하는 경우가 많다. 자신이 선택한 종목을 매수하고 매도하려는 계획을 세우지만, 갑자기 어떤 종목이 뉴스에 나오면서 급등을 하면 자신도 모르게 그 종목이 좋아 보이고 매수 버튼을 누르는 경우가 발생한다. 자신이 계획했던 매수, 매도 계획과는 상관없이 즉흥적인 투자를 하게 되는 것이다.

왜 이러한 행동이 나타나는 것일까?

아직 주식을 잘하기 위한 두뇌가 만들어지지 않았기 때문이다.

어떻게 주식을 잘하는 두뇌로 만들 수 있는가?

여기에는 두 가지가 필요하다.

첫째는, 끊임없는 독서이다. 이 책에서 언급한 책은 모두 사서 읽기 바란다. 주식 책은 한번 읽었다고 내 것이 되는 것은 아니다. 적어도 열 번은 반복해서 읽어야 한다. 대부분 한 번이나 두 번 읽고 책을 닫아버린다. 주식 책은 내 것이 될 때까지 반복해서 읽어야 한다. 주식으로 세계적 부자가 된 워런 버핏은 다독가로 유명하다. 읽어야 하는 책은 처음에는 주식매매와 관련된 것이지만 나중에는 분야를 막론하고 다양한 책을 읽어야 한다. 주식 정보를 의외로 책을 통해서 얻게 되는 경우가 많다.

두 번째는, 소액으로 실전 매매를 해보는 것이다.

누구나, 처음 주식을 하게 되면 빨리 돈을 벌고 싶어 하고 조급함이 생긴다.

소액으로 실전 매매를 하면서 실전 감각을 익히는 것이 중요하다. 처음부터 자전거를 잘 타는 사람은 없다. 열번, 스무 번의 넘어짐을 경험해야 자전거를 잘 타는 방법이 몸에 습득되는 것이다.

주식도 마찬가지다. 책에서 이해했다고 바로 내 것이 되지는 않는다. 단순히 책에서 읽고 바로 실천이 된다면 누구나 주식으로 부자가 될 것이다. 이런 경우는 드물다. 최소한 1년 정도는 소액으로 매매를 하면서 책에서 말한 것이 어떤 것인지를 습득하기를 바란다. 소액으로 하는 이유는 자전거를 처음 탈 때 넘어지듯이 처음에는 손실을 볼 수 있기 때문이다.

손실을 보면서 경험을 쌓아 드디어 수익이 나는 단계에 도달할 때까지 인내가 필요하다.

주식시장은 왜 장기적으로 우상향을 그리면서 시장이 성장하고 주가 또한 올라가는 것일까?

바로 인플레이션 때문이다.

돈의 가치가 떨어지고 실물자산 가치가 올라가는 것이 '인플레이션'이다.

앞서 언급했던 《자본주의》에 의하면 자본주의를 굴리는 것은 은행의 대출이다. 결국 돈은 빚으로 생겨난다. 한국은행에서 찍어낸 돈은 은행의 대출을 통해 10배 이상으로 불려진다.

예를 들어 1,000원이 은행에 들어가면 은행은 지급준비금으로 100원을 보관하고 나머지 900원을 대출한다. 다시 은행에 저축하고 은행은 90원을 보관하고 나머지 810원을 대출해 준다. 이런 식으로 반복적인 저축과 대출을 통해 최초의 1,000원은 10배 이상의 돈으로 불어난다.

작년 코로나19 대유행 상황이 발생하면서 전 세계적으로 엄청난 화폐가 풀렸다. 이 화폐는 시중에 엄청난 유동성을 공급했고 자산 시장으로 흘러 들어가 부동산과 주식 폭등의 요인으로 작용하고 있다. 코로나19 대유행 상황이 끝나지 않고 지속되면서 최근 대통령에 취임한 미국 바이든 정부는 25조 3,516억 달러(약 2경 5,000조 원)에 달하는 유동성을 공급하겠다고 공언했다.

우리 정부도 재난지원금을 4차에 걸쳐 시장에 공급했고, 5차 재난지원금에 대한 소식도 들려오고 있다.

결국 이 화폐가 실물 경제의 인플레이션을 유발하고 있다. 한번 시장에 풀린 화폐는 엄청난 인플레이션을 발생시킨다.

추후 긴축재정정책을 통하여 시중에 풀린 화폐를 거둬들일 때 일시적인 충격이 오겠지만 시중에 풀린 화폐를 모두 회수할 수는 없다.

역사적으로 화폐량은 점점 증가했지 줄어들지는 않았다.

실물자산 대비 화폐가 많아지면 실물자산의 가격은 올라갈 수밖에 없다.

바로 인플레이션이 발생하는 것이다.

실물자산을 다루는 기업들의 가치는 계속해서 상승할 수밖에 없고 주가는 우상향 할 수밖에 없는 것이다.

1980년대 100원이었던 라면값이 현재는 1,000원이 넘는다.

50원, 100원이던 아이스크림도 800원, 1,000원이 넘는다. 만약 1980년대에 라면과 아이스크림을 취급하는 기업의 주식을 샀다면 인플레이션에 따라 가격상승으로 많은 이익을 거두었을 것이다.

앞으로도 수익을 꾸준히 내는 기업은 장기적으로 주가가 우상향할 것이다.

당신은 이런 기업을 선정하고 매수한 다음 주가의 상승을 기다리면 된다.

누구나 돈 버는 미라클 주식투자

《미라클 주식》에서 말하는 매매 방법은 간단하다 단기매매에 치중하는 것이 아닌 장기매매를 하라는 것이다. 그렇다고 무조건 장기간의 시간이 있어야 하는 것은 아니다. 시장 상황과 종목의 특성에 따라 단기간에 사고파는 것이 끝날 수도 있다.

주식을 매매하면서 장기적인 여유를 가지기를 바라는 것이다.

나는 이 책에서 단기와 장기의 구분이 시간적인 여유를 얼마나 두고 매매를 하느냐로 구분한다.

단기매매, 즉 단기간에 사고팔았다 해서 나쁜 매매는 아니다.

예를 들어서 어떤 종목을 매수했는데 한 달이나 두 달 사이에 급등해서 3배에서 20배까지 상승하는 종목들도 있다. 이런 경우에는 당연히 수익을 실현하고 매도해야 한다. 무조건 기간을 길게 봤으니 '장기매매할 거야'하는 사이에 급등한 종목은 다시 제자리로 돌아오고 말 것이다.

주식을 매매하는 방법은 다양하다. 각자 추구하는 성향이 다르고 비슷한 종목과 비슷한 자리에서 매매하더라도 보는 관점이 다르다. 주식을 하는 이유는 돈을 벌기 위한 것이다. 그 이상도 그 이하도 아니다. 누구는 기술적 투자가 좋다느니, 누구는 가치 투자가 좋다느니, 단기매매가 좋다느니, 장기매매가 좋다느니 하면서 논쟁하는 것은 의미가 없다. 내 주변의 지인을 보면 단기매매에 치중하여 수익을 내는 분이 있는가 하면, 장기매매로 수익을 내는 분도 있다. 각자의 성향이 다르기 때문이다.

《미라클 주식투자》는 장기매매에 가까운 부분이며, 투자의 대가들이 보편적으로 성공하는 투자법으로 추천해 주는 방법이다.

앞부분에서 설명한 것처럼 다양한 방법 중에서 보편적으로 안정적인 수익을 주는 방법을 알려주고 싶어서 이 책을 쓰고 있는 것이다. 상위의 몇 퍼센트가 아닌 주식투자를 하는 대부분이 성공할 수 있고 충분히 부를 만들 방법을 안내하고자 한다.

나는 단기매매를 먼저 배워서 단기매매도 할 줄 안다. 뿐만 아니라 다양한 매매 방법을 알고 있다. 이 책에서 강조하고 싶은 부분은 다양한 매매 방법을 안다고 해서 수익을 많이 내는 것이 아니고 많은 방법은 수익을 주기도 하지만 엄청난 손실을 주는 위험성 또한 많다. 이런 매매 방법들은 대부분 단기매매 방법들이다.

주식은 돈을 벌기 위해 한다고 했다. 그런데 주식으로 돈을 벌고 있는 주변의 사람들이 얼마나 되는가? 그리고 주식에 투자하는 당신은 지금 돈을 벌고 있는가? 돈을 벌고 있다면 장기적이고 지속적인 방법인가? 돈을 벌고 있지 못하다면 생각해 볼 필요가 있다. 돈을 벌기 위해서 주식을 하는데 돈을 벌지 못한다는 것은 엄청나게 큰 문제이다.

주식은 단순한 게임이 아니다. 돈을 벌거나 잃는 생존과 직결된다. 주식이 좋지 못한 것으로 인식된 사람들은 왜 그럴까?

나의 부모님을 비롯하여 주변 지인들이 내가 주식을 한다고 할 때 말렸던 이유는 뉴스에서도 온통 주식으로 패가망신한 소식만을 전하고 있었고 이와 비슷한 이야기 또한 주변에서 지속적으로 들었기 때문이다. 나 또한 주변에서 주식으로 돈을 벌었다는 얘기는 듣지 못했고 주식으로 손실 본 이야기만 들어 왔다.

웃기는 상황이 아닌가? 자본주의의 꽃이라는 주식이 왜 하면 안 되는 것이 되어 버린 것일까? 이 부분을 깊이 생각해 볼 필요가 있다. 우리는 주식을 잘못 알고 있었던 부분이 많다. 주식을 제대로 알아야 돈을 벌고 그 돈을 안정적으로 지킬 수 있다.

코로나19 대유행으로 종합주가지수가 급락한 후, 다시 급반등하여 종합주가지수가 3,200까지 상승하였다.

동학 개미 운동이라는 신조어가 생겨나며 주식을 모르는 사람들까지 주식시장으로 이끄는 계기가 되었고 주식으로 돈을 벌었다는 얘기들이 많이 들리고 있다.

그러나, 지금부터 정신을 차리고 공부하지 않으면 초심자의 행운은 불행의 시작이 될 수 있다.

최근 종합주가지수가 조정을 받고 있지만, 주식을 이해한다면 등락이 반복된다는 것을 이해할 것이고 이러한 등락 속에서 돈을 벌 기회가 오는 것이다. 제대로 공부가 되고 준비만 된다면 주식으로 돈은 벌 기회를 잡을 수 있다.

상승이 있으면 하락이 있는 것은 기본 상식 중의 상식이지만 인간은 감정의 동물이다 보니 이 부분을 간과하게 되어 이성적인 방법이 아닌 감성에 사로잡혀 합리적 판단이 흐려지게 된다. 확증 편향에 빠지게 되는 것이다. 급등하여 상승한 주식은 항상 하락한다는 것을 잊어서는 안된다.

《미라클 주식투자》는 초보자도 쉽게 따라 하도록 아주 쉽게 설명할 것이다.

2장

미라클
주식투자란

주식은 회사의 지분이다

주식을 움직이는 세력이 있다

세력의 등에 올라타는 주린이가 되자

주식은 회사의 지분이다

주식에 첫발을 딛으면 주식이 무엇인지를 먼저 아는 것이 중요하다.

'지피지기면백전불태(知彼知己百戰不殆)' 손자병법에 있는 말이다. '나를 알고 적을 알면 백번 싸워도 백번 다 위태롭지 않다'는 말이다. 즉, 지지 않는 법을 알 수 있다는 말이다.

주식을 하면서 주식이 무엇인지도 모르면 제대로 된 주식투자를 할 수 없다. 대부분의 개인투자자가 이 부분을 간과하고 있어서 제대로 된 주식투자를 못 한다.

주식을 산다는 것은 회사의 주주가 되는 것이다

우리가 사고파는 주식은 상장된 주식회사의 주식이다.

회사는 개인사업자와 주식회사로 나눌 수 있다. 개인사업자는 사장 혼자서 회사를 운영하는 것이고 주식회사는 주주가 자본을 모아 회사를 설립해 주식을 발행하고 자금을 유치하여 그 자금으로 바탕으로 세워진 회사를 뜻한다.

주식회사의 기원을 살펴보고 넘어가자.

주식회사의 기원은 예전에 동양의 향신료가 유럽인들에게 귀한 대접을 받아서 향신료 무역을 하면 엄청난 돈을 벌 수가 있었다. 돈을 벌 수 있는 향신료 무역을 누구나 하고 싶어 할 것이다. 그러나, 여기에는 큰 문제가 있었다. 당시 무역은 배나 육상 무역로를 통해서 이루어졌는데 지금이야 운송수단이 발달 해서 안전하게 상품을 배달할 수 있지만, 당시에는 엄청난 시간과 물질, 그리고 해적들의 표적이 되기도 하고, 향신료를 실은 배가 난파되는 등 위험이 존재했다. 섣불리 아무나 나설 수가 없는 것이다. 이러한 가운데 모험을 좋아하고 도전성 있는 사람이 나타나게 되었다.

그러나, 문제는 필요한 물자와 돈이 없는 것이다. 그래서 이 사람은 아이디어를 내서 투자자를 모으기 시작했다. 자신에게 투자하면 무역으로 벌어들인 수익금을 주겠다고 광고를 한 것이다.

이 제안은 매력적이기는 하지만, 만약 배가 난파되거나 도적들에게 물건을 빼앗기는 등 위험성이 존재하기에 섣불리 투자하기는 쉽지 않았다.

이 가운데 모험성 투자를 즐기는 사람이 생겨났고 혼자 막대한 돈을 투자하기에는 부담이 커서 같이 투자할 사람들을 모으자 위험성이 분산되었다.

투자한 비율만큼 수익금을 나누어 주기로 하고 이에 동의한 투자자들의 자금으로 무역을 시작했다. 그중에 난파되거나 도적 떼에게 물건을 빼앗기는 경우도 생겼지만, 무사히 돌아왔을 때는 막대한 수익금을 받게 되었다.

이런 경험이 누적되자 실수를 하더라도 한 번만 무역에 성공하면 손실 금액을 보전받을 수 있게 되었고 이러한 투자가 활발해졌다. 이때, 투자한 사람들에게 증서를 발행했고 이것이 오늘날 주식의 기원이 되었다.

지금은 주식회사라는 것이 법으로 정립되었고 활발하게 운영되고 있다. 우리가 아는 대부분의 회사가 주식회사이다. 물론 그 외에 유한회사도 있지만, 우리의 관심은 주식이기에 주식회사에 대해서만 알아보겠다.

우리가 주식회사의 기원에서 보았듯이 주식회사가 발생한 것은 자본을 투자하여 이익을 얻을 수 있는 매력이 있기 때문이다.

주식회사를 설립하고 운영하여 수익을 내게 되면 그 지분만큼 수익을 할당 받게 될 뿐만 아니라 주식 가치가 증가하여 차익을 얻을 수 있는 것이다.

투자한 금액만큼 리스크를 가지지만 같은 지분의 권리 또한 갖게 되는 것이다.

그런데 지금 당신이 하는 주식은 위에서 얘기한 내용과 상당한 거리가 있을 것이다.

A라는 회사의 주식을 사게 되면 바로 A 회사의 주주가 되고 지분만큼 위험성과 권리를 갖게 되는데 당신은 그 회사에 대하여 얼마나 알고 있는가? 왜 그 A라는 회사의 주식을 매수했느냐고 물어본다면, 그냥 올라갈 것 같아서, 지인이 대박 날 거라고 추천해서 등의 이유가 대부분일 것이다.

옛날 유럽에서 이런 식으로 투자를 했다가 사기를 당한 사람이 한둘이 아니었다. 무역상에 대한 정보도 없이 투자했던 탓이다. 누군가가 와서 향신료 무역으로 돈을 벌어다 드릴 테니 투자하라고 한다면 당신은 덥석 투자하겠는가?

당연히 대표가 어떤 사람인지를 알아보고 믿고 투자할 수 있는지를 알아볼 것이다. 이것은 상식이고 당연하다. 현재 당신은 그 옛날 묻지마식 향신료 투자를 하고 있는 건 아닌지 돌아봐야 한다.

우리나라 주식시장은 크게 코스피 시장과 코스닥 시장으로 나눌 수 있다.

코스피는 일반적으로 거래소 시장이라고 불리며 회사 규모가 크고 상대적으로 안정된 회사가 상장되어 있다.

코스닥은 코스피보다 자본금, 매출액 규모가 작은 회사들이라고 보면 된다.

주식시장에 거래되는 종목들은 상장이라는 과정을 거치게 된다. 자본 상태와 경영성과 등을 심사받아 코스피나 코스닥에 상장하게 되면 초기 투자자나 대표는 막대한 상장 프리미엄으로 부를 얻게 된다. 그래서 주식회사의 목표는 '주식상장'이다.

상장을 위해서는 엄격한 심사를 받기 때문에 회사를 안정적으로 성장시키고 자본금, 매출액, 영업이익을 창출하기 위해 노력한다. 그래서 상장된 대부분의 회사들은 건장한 회사들인 것이다.

여기서 대부분이라고 얘기한 이유는 그렇지 않은 회사도 있기 때문이다.

주식을 하신 분들은 아시겠지만, 상장폐지라는 얘기를 들어보았을 것이다. 어렵게 상장시키기 위해서 노력하지만, 막상 상장 후에는 여러 이유로 상장폐지 되는 경우가 있다. 이 중에서 심심찮게 들리는 뉴스가 회사 대표의 횡령과 배임이다. 바로 여기서 대표가 중요한 이유가 드러난다. 대표가 돈만 밝히는 사람이라면 회사가 제대로 운영될 수 없다. 내가 투자한 회사가 제대로 운영되지 않아 상장폐지가 된다면 내 투자금은 일순간에 휴짓조각이 되고 마는 것이다.

주식투자의 기본인 부분을 간과하여 피눈물 흘리는 투자자가 많다. 지금도 상장폐지 심사가 진행 중인 회사가 있고 소액주주들이 피켓을 들고 항의하는 것을 뉴스에서 볼 수 있을 것이다. 피땀 흘려 모은 돈을 이렇게 허무하게 휴짓조각으로 만들 수도 있는 곳이 주식시장이다. 내가 주식은 회사의 지분이라고 강조하는 이유가 바로 여기에 있다.

주식은 종이에 불과하다. 회사가 건전하게 수익을 창출하면서 운영될 때 그 값어치를 인정받는 것이지 상장폐지를 당하는 경우에는 말 그대로 종잇조각에 불과하다.

내가 처음 주식을 배울 때 스승이 얘기하신 부분 중에서 가장 중요하게 말씀하신 부분이 바로 상장폐지 부분이다. 주식투자로 손실을 볼 수는 있지만, 상장폐지를 당하는 순간 그야말로 모든 것이 물거품이 되는 것이다.

주식을 시작하면서 이 부분은 절대로 잊어서는 안 된다.

종목 선정 부분에 대해서 뒤에 다시 얘기하겠지만 주식의 기본 정의를 절대로 잊어서는 안 된다. 주식을 하면서 끝까지 가장 먼저 생각해야 하는 부분이다.

주식을 움직이는 세력이 있다

주식시장의 투자자는 크게 개인투자자, 기관, 외국인으로 나눌 수 있다.

개인투자자

개인투자자는 주식투자를 하는 단체에 속해있지 않는 개인 모두를 말한다. 주식시장에서는 개인투자자를 '개미'라고 부르고 있는데 투자금이 적은 개인투자자를 의미한다. 이 중에서 수익을 많이 내서 투자금을 불린 경우 슈퍼개미라고 부른다. 여기서 투자금이 적다는 것은 기관, 외국인과 비교했을 때 상대적인 의미로 이해하면 된다.

기관

기관투자자는 투자하는 금융투자, 보험, 투신, 기타금융, 은행, 연기금, 사모펀드, 기타법인, 내외국인이다.

금융투자란 금융투자 회사를 말한다. 여기에는 증권사, 투자 자문사, 자산운용사가 있다.

보험이란 보험회사를 말한다.

투신이란 투자와 신탁의 줄임말이다. 투자신탁은 위탁회사가 자금을 일반인들로부터 모은 후 주식, 부동산 등에 투자하여 그 수익을 일반 투자자들에게 나눠주는 것이다.

기타금융이란 금융회사이다. 여기에는 저축은행, 새마을금고 등이 있다.

은행은 우리가 알고 있는 국민은행, 신한은행, 기업은행 등의 시중 은행을 말한다.

연기금은 연금과 기금을 합친 말로 국민연금, 공무원연금 등이 있다.

사모펀드란 소수의 투자자를 대상으로 하는 펀드이다.

기타법인은 법인으로 등록된 일반 회사이다. 주식시장에 상장된 회사나 비상장회사를 통틀어 말하는 것이다. 만약 어떤 기업이 자사주를 매입하거나 다른 기업의 주식을 매수, 매도하면 기타법인으로 나온다.

내외국인이란 국내에 6개월 이상 거주하고 있는 외국인이다.

외국인

외국인 투자자란 투자 자금의 규모가 방대해 주식시장에 큰 영향을 미치는 외국인 투자자를 말한다. 대부분 이는 개인이 아닌 외국 법인 회사이다.

여기에서 주식시장의 투자자를 상세하게 설명하고 이해하고 넘어가는 것은 중요하다.

주식시장은 제로섬 게임이다. 내가 사면 누군가가 팔고 내가 팔면 누군가가 사야 한다. 하수와 고수가 얼굴을 보지 않고 인터넷 상에서 치열하게 돈을 뺏고 빼앗는 곳이다.

눈에 보이지 않을 뿐 치열한 전쟁이 벌어지고 있는 곳이다.

이런 전장에서 살아남기 위해서는 적을 철저히 알지 않으면 안 된다. 내가 상대해야 하는 적의 강약 점을 파악하여야 승리할 수 있기 때문이다. 주식을 시작하는 초보자분들은 반드시 주식시장에 주가를 관리하는 주체가 있다는 것을 알아야 한다.

이게 무슨 소리인가 할지도 모른다. 주식시장을 관리하는 주체가 있다니 처음 듣는 분들이 많을 것이다. 그냥 주식은 회사의 가치에 따라서 오르고 내리는 것이 아닌가?

주식의 가격은 회사의 가치에 비례하여 움직이지만, 이는 일부는 맞고 일부는 틀린 말이다. 처음 주식을 접하는 분들은 이 말에 혼동을 느낄 것이다.

정말 중요한 얘기니까 정신을 바짝 차리고 정독하기 바란다.

우리는 먼저 시장의 특성을 이해해야 한다. 주식을 거래하는 곳을 주식시장이라고 한다. 우리가 흔히 아는 일반 시장의 한 부분이라고 보면 된다. 시장에서 가격은 수요와 공급의 법칙에 의해서 형성된다.

돼지 콜레라가 발생하여 돼지를 살처분하게 되면 공급이 부족해져서 돼지고기 가격이 올라간다.

조류 인플루엔자(Avian Influenza)로 닭을 살처분해서 달걀 가격이 천정부지로 올라가 외국에서 달걀을 비행기로 수입했던 장면을 뉴스에서 보았을 것이다.

이처럼 시장에서 물건의 가격은 수요와 공급의 법칙에 의해서 형성되는 것이 자연스러운 것이다. 그러나, 여기에서 예외의 상황이 발생하기도 한다.

학창 시절에 배운 박지원이 쓴 《허생전》을 누구나 알 것이다. 10년을 목표로 공부만 하던 가난한 선비 허생은 아내의 구박에 어쩔 수 없이 돈을 벌러 나간다. 그때 허생이 돈을 번 방법은 매점매석을 하는 것이다.

지금으로 말하면 사재기를 하는 것이다. 당시 조선에서는 시장 규모가 작아서 사재기의 위력은 대단했다. 물건의 공급이 부족해지자 가격이 천정부지로 올랐고 비싼 가격에 팔아서 막대한 수익을 올리게 된다.

현대 사회에는 이러한 것을 방지하기 위해서 독과점 방지법 등의 법적 제한 조치를 취하고 있다.

그러나 사람 사는 곳에 어찌 준법정신이 투철한 사람들만 있겠는가? 아무리 법으로 금지한다고 하더라도 막대한 수익을 줄 수 있는 사재기의 유혹에 빠지는 사람들이 뉴스에 나오고 있다.

2020년 코로나19 바이러스가 대유행하기 시작할 때 마스크 공급이 부족해서 가격이 천정부지로 올라 사재기를 한 사람들이 인터넷에 비싼 값으로 되팔아 막대한 이익을 거두었다는 뉴스를 본 적이 있을 것이다. 그 와중에 사재기하는 사람들과 욕심에 눈이 먼 마스크 공장의 물량 공급 줄이기 같은 일은 선량한 시민들에게 불안감을 가중시켜 정부를 원망하는 일까지 발생했다. 결국 정부에서 사재기 집중 단속에 나서 정부 통제하에 약국을 통한 마스크 공급을 시작했고 겨우 진정이 될 수 있었다.

이처럼 시장의 원리인 '보이지 않는 손'에는 약점이 있다. 바로 인간의 탐욕으로 자연 질서가 무너지는 것이다. 이를 보완하기 위해 정부에서 법적으로 규제하고 있지만 100% 막는다는 것은 불가능하다.

이제 주식으로 돌아와서 주식시장은 어떤가?

주식은 회사의 가치에 따라 가격이 수렴되는 것이 자연스러운 원리이다. 긴 시간으로 보면 대체로 맞는 말이다. 추세적으로 보면 주가의 등락이 회사의 가치에 수렴된다. 그러나, 단기적으로 보면 회사의 가치보다 상승하거나 하락하는 경우가 비일비재하다.

왜 이런 현상이 발생하는가?

다양한 이유가 있겠지만 여기에서 얘기하고 싶은 것은 주식에도 가격을 관리하는 세력이 있다는 것이다.

여기에서 세력은 큰 자금을 굴리는 개인일 수도 있고, 작전 세력, 외국인, 기관도 포함된다.

세력은 가격을 조정할 수 있는 자금과 능력이 있다.

영화 〈작전〉을 보면 주가를 조작하기 위해 이루어지는 일련의 모습을 볼 수 있다. 자금을 제공하는 자와, 직접 주식을 운용하는 자, 뉴스나 정보를 제공해서 개인투자자를 꾀는 자 등이 등장한다. 이것이 영화에서만 이루어지는 것이라고 믿는다면 당신은 순진한 것이다. 영화로 만들어지는 것은 대부분 현실에서 이루어지는 것이다.

실제로 주식시장에서는 작전 등 주가조작이 비일비재하게 이루어지고 있다.

주식 초보자가 당하지 않기 위해서는 반드시 이것을 인지하고 있어야 한다.

2011년 11월에 발생한 도이치뱅크의 장 종료 전 대량 매도는 대표적인 외국인의 주가 조작 사건이다. 이 당시에 나도 장종료 상황을 보고 당황하지 않을 수 없었다.

단 1초 사이에 1조가 넘는 물량을 매도하여 인위적으로 종합주가지수를 끌어내려 선물시장에서 막대한 수익금을 가져갔다.

우리나라 기관 세력 중에 막강한 힘을 가진 곳이 바로 국민연금이다. 주식시장이 급락하게 되면 주가 방어를 위해 동원되는 대표적인 곳이 국민연금이다.

세력의 존재에 대하여 얘기하는 이유는 세력으로 인한 피해를 최소화하기 위함이다. 또한, 세력을 이용하면 돈을 벌 수 있기 때문이다.

《미라클 주식투자》의 핵심은 세력을 역이용하는 것이다. 모르면 당하지만, 알면 나에게 유리하게 이용할 수 있는 것이다.

앞으로 세력을 어떻게 이용할 것인지를 알려 드릴 것이다.

세력의 등에 올라타는 주린이가 되자

내가 더 멀리 볼 수 있었던 것은 거인들의 어깨 위에 올라서서 보았기 때문이다. — 아이작 뉴턴

앞서 주식시장에는 세력이 있고 주가를 관리하는 세력에 대해 얘기했다.

《미라클 주식투자》는 세력을 이용하는 것이 핵심이다.

주식이 무엇인지 이해하고 종목을 선정했으면 세력이 주가를 상승시키다 눌림을 줄 때까지 기다렸다가 수익을 보는 것이 핵심이다. 세력의 흐름을 읽는 핵심은 거래량과 이동 평균선이다. 이 부분은 뒤에서 설명하도록 하겠다.

상장된 종목 중에는 꾸준히 수익을 내는 회사도 있고, 수익을

내다가 적자를 보는 회사, 적자를 보다가 수익을 내는 회사, 지속해서 적자를 보는 회사로 나눌 수 있다.

이 중에서 좋은 회사는 당연히 꾸준히 수익을 내는 회사이다. 종목 선정에서 가장 중요한 부분이 바로 이런 회사를 찾아내는 것이다.

다음으로 좋은 회사는 적자를 보다가 수익을 내는 회사이다. 회사의 상황이 좋지 않다가 수익을 내는 회사의 경우 주가가 급등하는 경우가 많다.

반대로 나머지 두 회사는 관심에서 멀리하는 것이 좋다. 다시 수익을 내게 될 때 관심을 가지면 된다.

굳이 수많은 종목 중에 적자 나는 회사를 고를 이유는 없다.

여기에서 개인투자자들이 당하는 경우가 많다.

주로 주식 작전은 적자가 나는 회사나 시총이 적은 회사에서 이루어진다. 회사는 적자가 나는데 갑자기 주가가 급등하는 경우가 있다. 호재성 기사 등이 연이어 나오면서 거래량이 증가하고 주가는 급등하기 시작한다. 이럴 때 조심해야 한다. 개인투자자들은 주가가 급등하고 호재성 뉴스가 나오면 더 상승할 것 같은 마음에 쫓아가는 매매를 하게 되고 고점에 물리는 경우가 많다.

이렇게 급등한 종목은 결국 주가가 제자리로 돌아오게 되고 고점에 물린 개인투자자는 엄청난 손실을 보게 된다.

이런 일들은 끊임없이 반복적으로 일어나고 있고 작전주에 대한 책도 시중에 많이 나와 있어서 개인투자자들이 당하겠냐 싶지만 지금도 같은 일은 반복되고 있다.

주변에 전화금융사기에 당한 사람들을 보면서 멍청하다고 생각했던 사람들이 자신도 전화금융사기에 당했다는 얘기를 듣는 것과 마찬가지이다.

그 순간에는 인간의 감정이 발동해서 이성적인 판단을 가로막게 되고 자신이 당하는 줄도 모르고 당하는 것이다. 사기당한 사람들의 얘기를 들어보면 내가 정신이 나갔었다고 얘기한다.

주식시장도 마찬가지이다. 돈이 오가는 곳이다 보니 탐욕이 이성적인 판단을 흐리게 한다. 자신이 당히는 줄도 모르고 당히는 이런 일들이 지금도 반복적으로 일어난다. 이 같은 얘기를 반복하는 이유는 아무리 얘기해도 당하는 개인투자자들이 나오기 때문이다. 다른 사람들이 당한다고 나도 당하면 안 된다. 알고 대처하는 능력을 기르지 못하면 주식시장에서 퇴출당하게 된다. 수많은 개인투자자가 주식시장에 들어왔다가 눈물을 머금고 그만둔다.

이 책을 읽은 여러분은 반드시 살아남아 주식으로 경제적 자유를 만끽하기 바란다. 세력의 의도를 파악하고 반대로 세력의 등에 올라타서 안정적인 수익을 즐기면 된다.

잠시 승마를 배운 적이 있다. 말의 등에 올라타서 걷기가 쉬워 보이지만 정말 힘들다. 허벅지의 힘이 굉장히 많이 필요하고 허벅지의 근육이 길러지기까지는 끊임없는 반복이 필요하다. 말도 등에 탄 사람이 허벅지로 자신을 제어하기 전까지는 말을 잘 듣지 않는다. 그러나, 허벅지에 힘이 길러져서 말을 제압하게 되면 그때부터는 순종적으로 지시에 잘 따른다.

세력의 등에 올라타는 것도 단순히 알고 배운다고 금방 익숙해지는 것은 아니다. 끊임없는 공부와 반복 속에 익숙해지게 되고 주식으로 꾸준한 수익을 만들기 위해 노력해야 한다.

앞으로 얘기할 《미라클 주식투자》의 5가지 계명과 법칙을 반복하고 반복하라. 반복만이 고수를 만드는 것이다.

3장

당신도
돈을 벌 수 있는
미라클 주식투자
5가지 계명

주식 성공은 마인드가 정립이 90%다

계명❶ 여유 자금으로 투자하라

계명❷ 조급함을 버려라

계명❸ 탐욕(상승장)을 버려라

계명❹ 공포(하락장)를 즐겨라

계명❺ 자신의 판단으로 매매하라

주식투자
1도 모르는
주린이를 위한
미라클
주식

주식 성공은 마인드 정립이 90%다

여기에서 다루는 부분은 마인드 정립에 관한 부분이다. 주식을 하면서 느낀 점은 주식 성공의 90%가 마인드 정립에 달려있다는 점이다.

단기적 그리고 중기적으로는 심리학이 증권시장의 90%를 결정한다! — 앙드레 코스톨라니

아무리 주식에 대한 지식과 정보가 있어도 마인드 정립이 되어 있지 않으면 수익을 낼 수 없다.

어려운 매매 기술도 한 달이면 다 배운다. 주식을 공부하다 보면 정말 쉽다는 것을 알게 된다. 왜 이렇게 쉬운 주식을 하면서 돈

을 못 벌지, 심지어 돈을 왜 잃는 거야? 공부를 조금 해보면 이런 생각을 누구나 가지게 된다.

이번 장에서는 주식을 함에 있어 가장 중요한 마인드 정립에 대한 부분 중에서 핵심 5가지를 뽑아 계명으로 만들었다. 주식을 하는 동안 5가지 핵심 계명은 절대로 잊지 않아야 한다.

여러분이 매매하는 컴퓨터 모니터나 눈에 띄는 곳에 계명을 적어놓고 항상 보기 바란다.

주식을 하면서 돈을 잃게 만드는 것은 마인드 게임에서 지기 때문이다.

주식을 관리하는 세력이 있다고 말했는데 이 세력이 바로 개인 투자자의 심리를 이용하는 것이다.

대부분의 사람은 강철 심장을 가져서 절대 흔들리지 않고 내가 배운 대로 주식을 하겠다고 선언을 하지만 곧 흔들리게 된다.

나 또한 주식을 처음 할 때 나는 심리 게임에서 지지 않으리라 생각했지만, 여지없이 실수하게 되었다. 알면서도 심리적으로 무너지다 보니 이성적인 판단을 하지 못하게 되고 나중에 돌아보면 왜 이렇게 했을까? 하고 수없이 반성하게 되었다.

주식을 하면서 수익을 못 내는 분들이나 주식 초보자들은 가장 먼저 마인드 정립을 제대로 하는 것이 중요하다.

주식을 하면서 돈을 버는 사람과 잃는 사람의 가장 큰 차이점은 바로 마인드 정립 여부라고 해도 과언이 아니다.

마인드 정립만 되어있다면 주식으로 돈을 버는 것은 90%가 완성된 것이다.

아무리 강조해도 지나치지 않은 마인드 정립을 위해 5가지의 계명을 알아보도록 하자.

계명❶ 여유 자금으로 투자하라

마인드 정립 상태를 무너트리는 가장 첫 번째 요인은 투자금이다. 주식은 결코 단기 싸움으로 해서는 이길 수 없다. 장기적인 우상향 수익 곡선을 그려야 성공을 거둘 수 있다. 주식을 하는 돈의 금액은 많고 적음이 중요하지 않다. 아무리 적은 돈이라도 엄청난 금액으로 불릴 수가 있다.

뒤에 다루겠지만 복리의 마법에 의해서 시간 속에서 꾸준한 수익을 내게 되면 어느 순간 눈덩이처럼 돈이 불어나는 경험을 하게 될 것이다.

주식을 하면서 가장 실수하는 부분이 바로 큰 금액으로 해야지 수익도 클 것이라는 잘못된 생각이다.

그래서, 자신의 여유 자금이 아닌 남의 돈을 빌리게 된다. 여기서 남의 돈이라는 것은 내가 벌어서 통장에 저축된 여유 자금 이외의 모든 돈을 말한다. 통장에 있더라도 당장 사용처가 있는 생활비, 월세, 할부금 등등 일상 생활을 하는 데 반드시 나가야 할 돈은 내 돈이 아니다. 명백히 남의 돈을 지금 빌려온 것이다. 부모, 형제 등 가족과 친지, 지인 등에게서 빌린 돈, 은행 대출금, 보험 대출 등은 당연히 남의 돈이다.

주식을 처음 할 때는 소액으로 배운다는 생각으로 원칙에 맞게 잘한다. 그러나 주식을 조금씩 알게 되면서 수익이 나기 시작하면 바로 머리를 굴리며 원칙을 무시하게 된다.

100만 원으로 얼마의 수익이 나면 200만 원, 500만 원, 1,000만 원 점점 더 큰 금액을 상상하면서 투자해서 수익을 냈으면 수익금이 얼마인가 머릿속으로 계산하게 된다.

100만 원의 1% 수익은 1만 원이지만 200만 원은 2만 원, 500만 원은 5만 원, 1,000만 원은 10만 원이 되는 것이다. 그러면서 투자금이 클수록 수익이 크다는 생각이 들게 되고 결국은 무리하게 투자금을 늘리게 된다.

여기에서 중요한 것은 수익금도 커지지만, 손실금도 커진다는 것이다. 자신이 감당할 수 있는 투자금을 초과하게 되면 마인드 정립 상태가 무너진다.

주식은 등락을 거듭하기 때문에 플러스가 되었다가 마이너스가 되었다가를 반복한다. 자신이 감당할 수 있는 이상을 투자하게 되면 100만 원의 1만 원은 감당이 되지만 1,000만 원의 10만 원은 큰돈이 되는 것이다.

내가 저 돈을 벌기 위해서 얼마나 고생을 했는데 하는 생각이 들면서 플러스일 때는 지켜보다가 마이너스 금액이 뜨기 시작하면 자신도 모르게 손이 나가서 손절매를 하게 된다.

그리고 나면 언제 그랬냐는 듯이 주가는 상승하고 추격매수를 하게 된다. 그러면 주가의 원리대로 또 하락하게 되고 손절매를 하면 또 오르고 또 추격매수를 하게 되고 주가는 또 내리고 하는 반복 속에서 내 계좌는 깡통을 차게 되는 것이다.

주식을 하는 개인투자자들은 '왜 내가 사면 떨어지고 내가 팔면 올라가지?'라고 생각한다. 개인투자자들이 사서 그런 것이 아니고 주식은 원래 그런 것이다.

단지 그러한 흐름 속에서 본인의 마인드가 무너져서 사고팔고를 반복할 뿐이다.

3년 정도 없어도 될 여유 자금으로 주식을 시작하기 바란다.

주식을 처음 하는 분들은 100만 원 미만으로 주식매매를 시작하기를 권해 드린다.

100만 원으로 1억을 운용한다는 생각으로 수익을 꾸준히 내는 매매 습관이 생겼을 때 서서히 투자금을 올려가기 바란다.

주식을 하면서 수익이 나고 있지 않은 분들은 투자금을 대폭

줄여보시기 바란다.

초보자의 생각으로 100만 원으로 매매하면서 마인드를 정립하는 것을 추천해 드린다.

내가 주식을 하면서 많이 들었던 얘기는 주식 고수가 되어 경제적 자유를 누리는 분들 대부분이 처음에는 깡통을 찬 경우가 많았다는 것이었다.

처음에는 주식이 무엇인지 모르다 보니 잘못된 매매를 하게 되고 그 가운데 위에서 얘기한 대로 사고팔고를 반복하다 보니 깡통을 차게 된 것이다.

주식 고수들이 되기까지 누구나 힘든 과정을 겪었다. 이러한 경험은 투자금액의 많고 적음이 상관없다. 100만 원으로 경험하나 1억으로 경험하나 손실과 수익에 대한 경험치는 비슷하므로 소액으로 수익이 날 때까지 매매 습관을 익히는 것이 중요하다.

따라서, 주식으로 꾸준히 수익이 나기 전까지는 소액 여유 자금으로 하라.

아무리 적은 돈이라도 내 돈이 아닌 경우에는 마인드 정립 상태가 흔들리게 된다.

100만 원도 내 돈이면 여유가 생기지만 누군가에게 빌린 돈이라면 잃으면 안 된다는 생각 때문에 마인드 게임에서 지고 시작한다. 주식은 수익금과 손실금을 확정하기 전까지는 손실도 이익도 아니다.

좋은 종목을 매수했다면 아무리 마이너스가 나도 팔지 않으면 시간의 흐름 속에서 상승하게 되고 수익으로 돌아서게 된다.

여유 자금이 아닐 때는 손실이 났을 때 팔아서는 안 되는데 오히려 팔아서 손실을 확정하게 된다.

몇 번의 이러한 반복은 결국 깡통 계좌를 만들게 한다.

여유 자금으로 시작할 것을 강조하고 또 강조한다. 적은 금액이라도 반드시 여유 자금으로 투자하기 바란다.

계명❷ 조급함을 버려라

돈을 빨리 벌고 싶은 마음은 누구나 같다. 요즘 돈이면 안 되는 것이 없는 세상이다.

예전 한 CF에서 '부자 되세요.'라는 말이 유행했다. '10억 부자 되기'가 광풍이 분 적도 있다. 지금도 꾸준히 서점에서 잘 팔리는 책이 재테크에 관련된 주식과 부동산 분야이다.

돈을 싫어하는 사람은 없다. 돈을 싫어한다고 말할 뿐이지 정말로 돈을 싫어하는 사람은 단 한 명도 본 적이 없다. 돈을 별로 좋아하지 않고 탐욕이 없다고 얘기하는 친구가 있었다. 그 친구에게 돈에 그렇게 탐욕이 없으면 네가 필요한 부분만 사용하고 나머지는 주변의 불쌍한 이웃을 위해서 기부하라고 했다. 돈에 탐욕이 없고 부자가 될 필요가 없다고 하더니 생활하는 데 필요한 것 외에는 기부하라고 하니 펄쩍 뛰면서 싫다고 했다.

그 친구가 정말로 돈에 탐욕이 없다고 볼 수 있는가?

주식을 하는 이유는 돈을 벌기 위함이다. 주식 책을 보다 보면 수익률 대회 상위권에 입상한 사람들의 책이 많다. 당신이 주의해야 할 부분은 바로 이 부분이다. 그 책에서 예로 든 엄청난 수익률을 보면 여러분 또한 혹해서 바로 부자가 되리라 생각하게 된다.

나 또한 같은 생각을 했다. 같은 책을 읽은 사람이 얼마나 될까? 그럼 그 사람들이 모두 주식으로 부자가 되었을까? 알 수는 없지만, 부자가 된 사람도 있고 아닌 경우도 많을 것이다. 단기간에 부자 된 사람들의 얘기를 듣거나 책을 읽다 보면 나도 빨리 부자가 되고 싶다고 생각한다. 주식으로 빨리 부자가 되는 길은 눈에 보이는 단기적인 매매를 통하는 것이리라 생각한다. 내 경험상 일부는 맞지만 대부분은 그렇지 않다. 단기매매 고수로 단 몇 년 만에 엄청난 돈을 번 뉴스를 볼 수 있는데 뉴스에 나온다는 것이 무엇을 말하는가? 바로 그만큼 드물다는 것이다.

누구나 단기매매로 돈을 많이 번다면 누가 뉴스를 쓰겠는가?

뉴스 기사가 된다는 것은 드물다는 것을 의미한다. 뉴스나 책으로 접한 고수들을 자신과 동일시하지 말기 바란다. 그들은 특출난 사람들이다. 일반화하는 순간 문제가 생긴다.

야구의 박찬호, 골프의 박세리, 피겨스케이팅의 김연아, 수영의 박태환, 축구의 손흥민 등 수많은 스타를 본다. 그들은 그 분야에서 드문 최고가 되었기에 뉴스에 나오는 것이고, 누구나 알 정도로 유명해진 것이다. 우리가 같은 운동을 한다고 그들과 같이 되는 것은 아니다.

누구나 타고난 재능이 있다. 주식도 재능이 있는 사람이 있다. 특히, 단기매매에는 엄청난 재능이 필요하다. 훈련과 연습으로 어느 정도 만들 수는 있지만, 상당히 힘이 들고 확률적으로도 낮다.

단기매매를 하는 대부분은 조급함에서 시작된다. 하루빨리 엄청난 수익률로 부자가 되고 싶은 것이다.

옛말에 '급한 길도 돌아가라.'는 속담이 있다. 정말 주식으로 부자가 되고 싶으면 더욱 신중하게 천천히 매매해야 한다.

시장에 가서 물건을 살 때 아무것이나 사지 않는다. 볼펜 한 자루를 사더라도 수많은 볼펜 중에서 디자인과 색깔, 잘 써지는지, 가격은 적절한지를 보고 신중히 골라서 산다. 더 나아가 신발, 옷, 자동차, 집을 산다면 어떻게 하겠는가? 그냥 대충 훑어보고 사는 사람은 없을 것이다. 금액이 커질수록 신중히 둘러보고 검토하고 고민한 다음에 살 것이다.

지금 주식은 어떻게 하고 있는가? 볼펜 한 자루를 사더라도 신중히 사는데 피 같은 돈으로 주식을 사면서 당신은 얼마나 신중히 종목을 고르고 매매를 하는가?

지인이 추천해줘서, 급등하고 있어서, 뉴스에 나와서, 가격이 싼 것 같아서 등등 주식의 책임은 남이 아닌 바로 나에게 있다. 수익을 나는 것도 손실을 보는 것도 바로 나이다.

적게는 몇만 원에서 몇십, 몇백, 몇천만 원을 투자하면서 얼마나 신중히 고민하고 검토하는지를 돌아보아야 한다.

주변에서 이 종목 안 사면 후회할 것이라는 소리에 묻지도 따지지도 않고 사는 것은 아닌지 돌아보아야 한다.

주식으로 돈을 벌고 싶다면 조급함을 버려야 한다. 조급함은 판단을 흐리게 만들고 실수하게 한다.

주식시장은 주말과 특정 공휴일을 제외하고 인제나 열린다. 오늘 못 샀다면 내일 사면 된다. 처음 주식을 접하게 되면 온통 생각이 주식에만 가 있다. 수시로 확인하면서 오르는지 내리는지 자꾸만 보고 싶다. 매매가 이루어지지 않는 시간은 정말 지루하게 느껴진다. 주말은 길게만 느껴질 것이다. 빨리 매매하고 싶을 것이다. 사고파는 재미가 있다. 무엇이든지 처음 접하게 되면 신기하고 재미있다. 주식도 마찬가지다. 주식은 재미로 하는 것이 아니다.

돈이 오가는 전쟁터이다. 주식을 재미로 하는 사람은 없으리라 생각하지만, 행동을 보면 재미로 하는 분이 많다. 주식을 재미로 하는 사람이 어디 있냐고 반문할 것이다.

예를 들어보면, 주식으로 손실이 계속되고 있는데 멈추지 않는다면 그것은 재미로 하는 것이다. 여기서 말하는 것은 사고파는 재미에 빠진 것이다. 피 같은 돈이 손실을 보고 있는데 멈추지 않는다면 사고파는 재미에 빠진 게임을 하는 것이 아닌지 돌아봐야 한다.

손실이 계속될 때 당장 멈추지 않으면 어느 순간 계좌는 깡통을 차게 될 것이다.

멈추지 못하는 이유는 손실 본 원금을 빨리 복구하려는 조급함 때문이다. 단호하게 얘기한다. 당장 매매를 멈추고 투자금을 빼야 한다. 진지하게 자신을 돌아보면서 이 책에서 얘기하는 것들과 비교해보라. 돈을 벌 수 있는 투자를 하고 있는지 단기매매를 하고 있는지를 말이다. 실력만 된다면 투자금액과 상관없이 꾸준한 수익을 통하여 경제적 자유를 누릴 수 있다.

빨리 부자가 되려면 조급함을 먼저 버려라. 비워야 채울 수 있는 것이다. 마음속에 조급함이 있는 한 주식에서 성공하기는 어렵다. 모든 일에는 순서가 있다. 주식에서 성공의 첫걸음은 조급함을 버리는 것이다.

10, 20년에 걸쳐서 꾸준히 부자가 되겠다는 생각으로 주식을 하다 보면 기간은 여러분이 생각하는 이상으로 단축될 것이다.

조급함을 비우지 않는다면 기간은 도리어 늘어나고 평생 기회를 얻지 못하게 될 수 있다.

주식으로 부자가 되기는 쉽지만 그러려면 시간이 필요하다.

여유를 가지고《미라클 주식투자》를 따라 한다면 당신은 생각 이상의 부를 만들 수 있다.

요즘 내가 존경하는 인물 중에 메리츠자산운용 존 리 대표님이 있다. 이분은 우리나라에서 건전하고 바른 주식투자 문화운동에 앞장서고 계신 분이다. '주식투자 전도사'라는 별명을 가지고 계신다.

우리나라는 급격한 경제성장을 하면서 몸에 밴 습관이 '빨리빨리'이다. 이것은 우리나라의 급격한 경제성장을 이루는 데 기여했지만 폐해도 많다. 모든 것은 시기와 때가 있다.

씨를 심으면 싹이 나고 잎이 나고 줄기가 자라 나중에 열매를 맺게 된다. 성급한 사람이 씨를 심고 빨리 자라지 않는다고 심었다 뽑기를 반복한다면 어떻게 되겠는가? 죽어버릴 것이다.

우리나라 주식투자도 이러한 빨리 문화가 스며들어 있다.

단기매매를 하는 것도 주식의 본질인 투자가 아닌 매매를 위한 것이다. 처음에 접하는 대부분이 단기매매이다.

나도 처음에 주식을 한 것은 워런 버핏처럼 주식으로 부자가 되기 위함이었는데 그때 강의를 통해 처음 접한 것이 단기매매였다.

어떤 분야에 처음 접하느냐는 정말 중요하다. 단기매매를 접하다 보니 장기매매가 지루하게 느껴졌고 단기매매만 하게 되었다.

결과적으로 돌아보면 장기매매가 더 큰 수익을 주는 경우가 훨씬 많았다.

조급함은 어디에서 오는 것일까? 바로 빨리 부자가 되려는 마음이다.

즉, 탐욕이다.

계명❸ 탐욕(상승장)을 버려라

탐욕은 사전적 의미로 '지나치게 탐하는 욕심'이다.

욕심의 사전적 의미는 '분수에 넘치게 무엇을 탐내거나 누리고자 하는 마음'이다.

위의 사전적 의미를 정리하면 분수에 넘치게 무엇을 탐내거나 누리고자 하는 지나치게 탐하는 마음이다.

주식을 하는 목적은 돈을 버는 것이다.

주식을 통해 부자가 되고 싶은 마음이 누구에게나 있다.

그러나, 주식을 하면서 돈을 벌기 위해 버려야 하는 것이 탐욕이다. 열심히 모은 돈을 한순간 모두 잃을 수 있는 것이 탐욕이다.

주식시장은 항상 열린다. 한마디로 언제나 기회가 있다는 것이다. 적은 돈을 조금씩 벌다 보면 눈덩이처럼 불어나는 경험을 하게 될 것이다. 탐욕을 부리는 순간 이성적인 판단이 흐려지고 감정적으로 매매를 하게 된다.

역사를 보면 탐욕은 버블을 만들고 이로 인하여 망한 경우를 많이 보게 된다.

그 대표적인 예가 바로 17세기에 네덜란드에서 발생한 튤립 버블이다.

17세기 네덜란드에서 발생한 튤립에 대한 과열 투기로 역사상 최초의 자본주의적 투기라 전해진다. 당시 네덜란드는 작물산업의 호황과 동인도회사 등에 기초한 풍부한 재정에 힘입어 유럽에서 가장 높은 1인당 국민소득을 기록했고, 이로 인해 부에 대한 개인들의 과시욕이 상승하면서 튤립 투기가 발생하게 된 것이다.

즉, 튤립 시장은 전문가와 생산자 중심으로 거래가 형성되는 것이 정상이지만, 당시 귀족과 신흥 부자를 비롯해 일반인 사이에서도 튤립 투기 수요가 엄청나게 증가하면서 튤립 가격이 1개월 만에 50배나 뛰는 일이 발생했다. 그러나 이내 가격은 형성되어 있는데 거래는 없다는 인식이 증가하였고, 법원에서 튤립의 재산적 가치를 인정할 수 없다는 판결이 나오면서 버블이 순식간에 꺼졌으며, 튤립 가격은 최고치 대비 수천 분의 1수준으로 폭락했다.

이처럼 순식간에 버블이 꺼진 것은 꽃을 감상하려는 실수요보다는 가격 상승을 노린 투기 수요가 대다수였기 때문이었다. 이후, 튤립 버블은 정보기술(IT) 거품이나 부동산 거품 등이 부각될 때 거품의 역사적 선례로 많이 오르내리는 말로 등장했고, 최근에는 자산 가격이 내재 가치에서 벗어나는 경제 거품을 가리킬 때도 사용되고 있다.

— 〈네이버 지식백과〉 중에서

다음으로 대표적인 것이 닷컴 버블이다.

미국 등 세계 여러 국가에서 1995년과 2000년 사이에서 발생한 투기 투매 현상이다. 위키백과에서는 미국식 표현인 닷컴 버블이라 쓰지만, 한국에서 제일 많이 쓰는 표준 표현은 'IT 버블'이다. 인터넷의 폭발적인 성장으로 벤처기업이 각광받으면서 주식시장 위주로 진행되었으며, 한동안은 다신 꺼지지 않을 것 같던 반영구적인 활황기를 상징하던 말이기도 했으나 버블이 꺼지면서 큰 타격을 입었다. 2008년 세계금융위기 이전까지만 해도 글로벌 금융시장에 가장 심각한 후유증을 남긴 사건이다.

특히 후유증이 심각했던 국가로는 미국, 한국, 독일 세 나라가 있었다. 특히 미국 나스닥이나 한국 코스닥은 겨우 소생한 것에 비해 독일의 노이어 마르크트(Neuer Markt. 영어로 New Market)는 2003년 아예 시장과 지수 자체가 없어지고 나머지 기업들도 기존 주식시장에 이전하는 방식으로 폐지되었다. 이들의 공통적인 특징은 바로 벤처기업을 위한 주식시장인 신시장(New Market)이 따로 있었다는 것이다. 이 신시장에 유동성 자금이 몰려 들어가면서 엄청난 버블이 불타 올랐지만 결국 내려갈 주식은 내려갔다.

버블의 시작은 미국에서 첨단주로 인터넷/통신 관련 주가가 각광받으면서 시작되었다. 갓 태동기를 넘어선 인터넷 산업은 그 당시 사람들에게 초유의 관심이었다. 그들은 인터넷 산업이 기존 산업을 뛰어넘어서 전부 장악할 수 있다고 믿었다. 곧이어 시작된 인터넷 사업체들은 막대한 투자자들을 끌어모았다. 대표적으로 코즈모 닷컴, 부 닷컴, 팻츠 닷컴 등은 거액의 돈(몇백만 달러)을 모을 수 있었다. 이 회사의 대표이사들은 투자자들에게 IT 산업의 대세로 인한 어마어마한 수입을 약속했다.

그러나 당시의 현실은 그들의 이상을 따라잡지 못했다. 그때까지만 해도 1999년의 인터넷망은 56K 모뎀이나 케이블 선 위주였다. 당연히 인터넷 속도는 매우 느렸다. 사람들은 장밋빛 미래와 웹이니까 무언가 더 좋겠다고 기대했지만 그러지 못했다. 너무나도 느린 서비스와 각종 문제는 웹 서비스에 대한 불신감과 반감을 키웠다. 1995년부터 2000년까지 나스닥 종합주가지수는 400% 상승했지만 이후 버블이 꺼지며 2001년에는 시장이 붕괴하였고, 그로 인해 투자자들은 무려 5조 달러의 손실을 보았다. 닷컴기업(Dot-com company)들도 줄줄이 쓰러졌는데 웹밴(Webvan, 1999~2001)이나 빈즈닷컴(beenz.com, 1998 ~ 2001)이 그 예시이다. 2002년 10월에는 역대 최고치에서 78%나 하락했고, Cisco와 퀄컴은 주가가 86% 하락했다. 따라서 버블로 얻은 이득은 거의 없다고 볼 수 있다. 결국 2000년 말에는 대부분의 닷컴기업이 스스로 파산이나 도산의 길을 선택했다. 그 중 키부 닷컴에 투자했던 투자자들은 돈을 돌려받을 수 있었지만, 나머지는 수백억 달러의 돈을 날려야 했다.

세계적으로도 닷컴 버블 현상이 있었지만, 특히 한국에서는 1997년 외환 위기를 극복하기 위해 김대중 정부가 코스닥 시장과 중소기업 위주의 벤처기업 육성책을 쏟아내기 시작하면서 급격하게 IT 버블이 불타올랐다. 인터넷 등 IT산업이 신경제 신 산업으로 각광받으면서 바이코리아 펀드, 박현주 펀드 등의 애국 마케팅 자금들까지 겹쳐져 급격한 테마주 쏠림현상이 발생한 것이다. 그 결과 코스닥 시장은 '주가 조작의 온상'이라는 악평과 '스타 CEO, 기업이 산실'이라는 호평을 동시에 받게 된다.

이 당시 IT 버블로 급등한 테마주로는 골드뱅크(상장폐지), 장미디어(상장폐지), 드림라인(상장폐지), 메디슨(상장폐지. 삼성그룹에 인수되어 현 삼성메디슨), 하우리(상장폐지), 한국정보통신, 새롬기술(현 솔본), 다음커뮤니케이션(현 카카오), 로커스(상장폐지), KTF(당시 한국통신프리텔, KT에 합병), KTH, SK텔레콤, 넷마블(CJ E&M에 합병 후 물적분할. 상장 폐지했다가 2017년에 재상장), 한글과컴퓨터, 인터파크(현 인터파크홀딩스), 다우기술 등이 있으며, 코스닥 시장에 상장해있다는 이유만으로 하림의 주가가 폭등하기도 하고, 평화은행(상장폐지), 교보증권, 키움증권, 기업은행, SBS(이상 코스피 시장으로 이전) 등도 주가가 폭등했었다. 당연히 IT주만 뛰었을 리는 없고 벤처기업 딱지만 달고 있으면 주가가 날아다니던 시대라 유비케어, 비트컴퓨터 같은 의료, BT 관련 주도 날아다녔다.

1999년 당시 코스닥 시장은 계속된 데이트레이딩이나 주가 조작 등으로 막장 증시의 진수를 보여주었으며, 당시 드림라인이나 골드뱅크의 PER은 9,999배라는 희대의 전설을 남겼다. 코스닥은 그나마 양반이라, 시가의 실체를 알 수 없어 오직 1:1 거래로만 해야 했던 장외주식의 버블은 더욱더 심했다. 코스닥에 상장도 안 된 주식이 액면가의 200배를 찍는 일이 비일비재했다.

버블 붕괴 이후 당시 테마주들은 당연히 대장주라고 불리다가 대부분 상장폐지 당하였으며, 2015년 기준 대장주로는 한국정보통신, 다음카카오, 인터파크홀딩스 정도만 명맥을 이을 뿐이다. 주가폭등의 전설(이 기간에 무려 100배 가까이 뛰었다)이었던 새롬기술은 추진하던 다이얼패드 사업이 완전히 실패로 끝난 뒤 투자 전문 회사인 솔본으로 이름이 바뀌고 실적 없는 코스닥 시장에서도 잊힌 주식으로 전락했다. 한글과컴퓨터도 경영권 분쟁(2차 한컴 사태) 등으로 사업이 침체를 겪으며 예전만 한 기세는 못 낸다. 그 외에도 일개 중소기업 시가총액이 현기차를 넘어버리거나 하는 정신 나간 주가 폭등이 많았다. 그렇게 1998년에 277포인트까지 내려앉았던 코스피 지수는 겨우 2년도 안 되어 다시금 1000P 선을 넘고 코스닥 지수 또한 284포인트를 찍었지만 2000년 중·하반기를 거치면서 급락하여 코스피는 500

포인트 선으로 주저앉았고, 코스닥은 52포인트 선까지 내려앉았다. 이건 IMF 외환위기가 한창이었을 때의 최저점(60포인트)보다도 낮았다. 그리고 이후에 주식시장은 여러 차례의 급등락을 거쳤지만, 현재까지도 코스닥 지수는 기준 지수조차도 회복 못 하고 있는 실정이다. 그나마 이때 유입된 엄청난 자금으로 IT, BT 등 신 산업들에 벤처기업들이 뛰어들어 지금의 산업 기반을 쌓는 데 도움을 줬다는 시각도 있긴 하다. 신 산업 격동기에 수많은 기업이 나타났다 사라지기를 반복하는 건 어찌 보면 필연인데 그게 유동성 자금과 겹쳐져 좀 심하게 나타났다고 보기도 한다.

IT 버블(닷컴 버블)로 인해 벤처기업들을 대하는 부정적인 인식이 생겨나면서 미국 등에서는 '벤처기업'이 '스타트업'으로 아예 이름이 바뀌어 버린 것 등 후폭풍이 심각했으며, 엔론과 월드컴 등은 분식회계로 엄청난 충격을 받았다. 다만 미국은 벤처기업 자체에 대한 지원 정책은 폐기되지 않았다. 당연한 말이지만 하이 리스크 하이 리턴이 벤처 기업계인지라 그렇게 크라우드 펀딩 등으로 살아남아 2010년대에 다시 벤처 붐이 일게 되었다.

미국은 애플, 구글, 넷플릭스, 아마존닷컴 등 IT 버블 시기에 살아남은 벤처기업들이 글로벌 대기업으로 성장해 나스닥 지수 신기록을 연일 경신하는 등 후유증을 거의 극복한 듯한 모습을 보여주고 있다. 물론 테라노스 사건 같은 게 연이어 터지며 인간의 탐욕은 끝이 없고 같은 실수를 반복한다는 진리도 실시간으로 증명하고 있다.

한국에서도 IT 버블이 꺼지는 걸 막으려고 벤처기업가들이 정치인들에게 로비하는 등 부패가 드러나 벤처기업에 안 좋은 시선이 늘어났다. 그 결과 김대중 정부가 추진하던 벤처/중소기업 육성책이 상당수 취소되고 다시 이전 정부가 반복하던 대기업 보호 정책으로 회귀하는 듯한 아쉬움을 남기기도 했다. 다만 미국과 비슷하게 이때 살아남은 몇몇 벤처기업들은 지금 한국의 신 산업 분야를 이끄는 대기업으로 성장하기도 했다. 네이버, 카카오, 넥슨 등이 대표적인데 광복 직후부터 이어져 오던 재벌 서열에 주목할만한 금이 간 몇 안 되는 시기였다.

― 〈나무위키〉 중에서

다음으로 돌아볼 것이 비트코인 열풍이다.

2017년 전 세계가 가상화폐 투자 열풍으로 비트코인의 가격은 하늘 높은 줄 모르고 급등했다.

비트코인을 비롯한 알트코인이라고 부르는 이더리움, 리플 등도 급등하며 연일 뉴스를 오르내렸다.

1년 사이에 몇십 배에서 몇백 배까지 급등했고 수많은 벼락부자를 만들어 주었다.

20, 30대가 주축이 되어 묻지마 투자를 했고, 2017년 말을 지나면서 서서히 거품이 빠지기 시작해서 2018년 10분의 1 토막 이상 하락하며 엄청난 피해를 남기게 되었다.

최근 들어, 2020년 말부터 다시 가상화폐의 대장 주인 비트코인을 필두로 급등하기 시작하였고 비트코인의 가격은 2017년의 최고가를 돌파하여 8,100만 원을 넘었다.(2021. 4. 13. 업비트 기준)

앞으로 가상화폐 시장이 어떻게 될지 모르지만, 이번에도 엄청난 수익과 손실을 거듭하게 되리라 생각한다.

수익을 줄 때 챙기면 내 것이 되지만 탐욕 속에서 조금 더를 외치다가 결국 손실을 보게 되는 것이다.

주식시장도 이런 등락은 반복적으로 일어났고 앞으로도 반복될 것이다.

항상 수익에 감사하며 만족할 줄 아는 것이 중요하다. 어느 순간 탐욕에 눈이 멀게 되면 매도해야 하는 시점에 계산기 두드리며 조금 더를 외치다가 하락장이 오게 되면 수익금을 못 얻는 것은 물론이고 엄청난 손실을 보게 될 것이다.

역사를 돌아보면 버블의 생성과 붕괴는 수없이 많이 일어났다.

왜 반복해서 일어나는 것일까?

인간은 감정의 동물이고 그 가운데 탐욕이 있기 때문이다.

버블이 발생할 때 정신을 차리고 탐욕을 다스리지 않는다면 버블의 붕괴와 함께 비참한 결과를 초래하게 된다.

인간이 짐승과 다른 점은 문자가 있는 것이다. 내가 경험하지 않은 것은 다른 사람이 경험한 것을 책으로 읽음으로써 간접 경험할 수 있는 것이다. 주식의 역사를 통해서 수많은 경험치가 쌓여 왔다.

성공과 실수에 대한 다양한 경험들이 쌓여 있다.

내가 직접 실수를 하지 않고도 책을 통해서 간접 경험할 수 있다. 위에서 알아본 다양한 투기와 탐욕의 역사는 앞으로도 반복해서 일어날 것이다. 지금도 내 주변에서 일어나고 있는지 모른다. 항상 과거를 교훈 삼아 현재 상황을 둘러볼 필요가 있다.

군중 속에서 같이 지내다 보면 어느 순간 현혹되어 주식에 거품이 끼어 매도를 해야 하는 타이밍에 매수를 하고 있는 것은 아닌지 반대로 주가의 폭락 속에서 매수해야 하는 타이밍에 공포에 빠져 매도를 하고 있지는 않은지 돌아볼 필요가 있다.

계명❹ 공포(하락장)를 즐겨라

인간의 탐욕으로 버블과 붕괴가 반복적으로 일어난다고 얘기했다. 이러한 사이클 속에서 당신을 부자로 만들어 줄 기회가 생긴다. 경기는 사이클을 그리면서 상승과 하락을 반복한다. 주가도 상승과 하락을 반복하며 일어난다. 주가가 상승하게 되면 기분이 좋아지고 하락하면 우울해진다면 당신은 주식으로 돈을 벌기 힘들다. 역사적으로 보면 주가가 폭락한 시기에 부자가 될 기회가 있었다.

종합주가지수를 보면 상승과 하락을 반복했고 그 가운데 폭등과 폭락이 반복해서 일어났다.

폭락 뒤에는 반드시 급등이 있었다. 폭락했을 때 주식을 매수한다는 것은 시장에서 바겐세일 기간에 물건을 사는 것과 같다.

같은 물건을 싸게 살 수 있는 것이다. 주식시장도 마찬가지다.

외부환경 요인으로 주가가 폭락한다면 좋은 주식을 싸게 살 기회가 생긴다. 그러나, 이런 시기에 주식을 사라고 하면 곧 망할 것 같은 생각에 섣불리 주식을 사기 힘들다.

역사 속에서 교훈을 얻어야 한다.

IMF, 서브 프라임 모기지, 코로나19 대유행의 시기에 주가는 엄청난 폭락을 했다.

투자자들이 패닉에 빠져서 주식을 매도하면서 종합주가지수는 폭락했다.

폭락 후에는 반드시 급등한 것을 그림에서 알 수 있다.

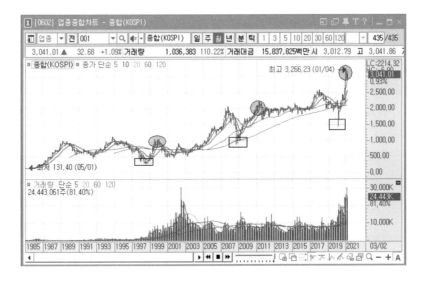

폭락 시에 공포를 극복하여 주식을 싼 가격에 매수한다면 좋은 결과를 얻을 수 있었다.

역사는 항상 반복된다. 이번 코로나19 대유행 상황에서도 주식이 급락 후에 급등하여 상승하고 있는 모습을 볼 수 있다.

마찬가지로 급등 후에는 급락이 있다는 것을 명심하고 항상 탐욕에서 벗어나 적정선에서 수익을 실현한 후 다음 기회를 노리는 것이 현명하다.

계명❺ 자신의 판단으로 매매하라

주식을 하면서 무조건 조심해야 하는 것이 있다. 바로 모든 매매의 책임은 본인에게 있다는 것이다. 주식으로 수익이 나도 손실을 보아도 나의 책임이다.

주식을 처음 접하는 많은 사람을 보면 대체로 주변의 친구나, 지인 등에게서 들은 추천으로 시작하는 경우가 많다. 좋은 정보가 있는데 많은 수익을 내줄 수 있는 종목이라며 추천해 준다. 그러면 그 종목이 어떤 회사인지를 확인하지도 않고 지인을 믿고 투자한다. 대부분의 경우 이렇게 매매하면 손실을 보게 된다.

나에게 좋은 정보라고 올 정도면 누구나 아는 정보이고 그런 정보는 값어치가 없는 정보이며 작전 세력이 흘려보내는 정보일 가능성이 크다. 만약 좋은 정보라면 맨 처음 정보를 접한 누군가가 매집을 할 것이고 절대 주변에 누설하지 않을 것이다. 정보가 누설되는 순간 주가가 상승하여 원하는 물량의 매집을 낮은 가격에 할 수 없기 때문이다.

이렇게 매집이 된 후에 주가가 상승하면 물량을 넘겨야 할 대상자를 찾기 위해서 정보를 흘리는 것이다. 그래서, 정보가 나의 귀에 흘러들어올 정도이면 벌써 물량 매집을 한 세력이 물량을 넘기기 위해 정보를 흘리고 있다고 생각해야 한다.

이 말을 명심하라.

'내가 아는 정보는 모두가 아는 정보이다.'

주식으로 안정적인 수익을 내려면 반드시 본인이 공부하고 알아야 한다. 종목을 선정하는 방법부터 매수, 매도에 이르기까지 본인이 판단하고 준비가 되지 않은 상태에서는 절대로 주식을 하면 안 된다. 같은 종목을 매수하더라도 누구는 수익을 내고 누구는 손실을 본다. 이것은 매수와 매도에 준비가 되지 않았기에 다른 결과가 나오는 것이다.

매수를 하면서 매도에 계획이 있는 사람과 없는 사람의 차이는 하늘과 땅의 차이와 같다.

주식 공부는 꾸준히 해야 한다. 새로운 종목들이 계속 상장되고 시장 상황이 변화하기 때문에 현재 시장에서 주목받는 업종과 종목이 무엇인지를 찾아야 한다. 본인이 판단할 수 있는 상태가 되지 않는다면 절대로 주식으로 꾸준한 수익을 얻기는 힘들다.

최근 주식시장이 활황장이 되면서 주식을 가르쳐준다는 유료 광고 문자가 부쩍 늘었다. 주식을 배우는 곳에는 투자하되 종목을 추천해주는 것에는 절대로 귀 기울이면 안 된다.

우연히 몇 종목이 상승을 줄 수는 있지만, 결코 좋은 결과를 내는 곳을 본 적이 없다.

본인이 종목을 선정하는 방법을 공부해서 본인 스스로 판단하여 매매하는 것이 훨씬 안전하고 수익도 꾸준히 낼 수 있다.

초보자분들이나 주식으로 수익을 꾸준히 내지 못하는 분들은 유료 종목 추천에 기대를 많이 하는데 절대로 하지 않기를 바란다. 시간이 걸리더라도 본인의 판단하에 매매해야 대응도 하고 실력이 쌓여 온전히 본인의 것이 된다.

추천한 종목이 손실이 날 경우 책임을 지는 사람은 아무도 없다. 오로지 매수한 본인의 책임이다.

나도 주변 지인이 추천해주는 종목을 매수한 적이 있는데 내가 분석한 것이 아니기에 수익이 났을 때도 스스로 팔지 못하고 시기를 놓쳐 결국 큰 손실을 보았다.

그 후로는 절대로 내 판단이 아닌 주변 추천으로 종목을 매수하지는 않는다.

조금만 공부하면 스스로 좋은 종목을 충분히 선정할 수 있는데 남의 판단에 내 돈을 맡기지 말아라.

4장

왕초보도 쉽게 따라 할 수 있는 미라클 주식투자 5가지 법칙

법칙❶ 시장에 순응하라-순응의 법칙

법칙❷ 종목 선정이 갑이다-종목 선정의 법칙

법칙❸ 매수는 타이밍이다-매수의 법칙

법칙❹ 수익을 극대화하라-매도의 법칙

법칙❺ 복리는 황금알이다-복리의 법칙

법칙❶ 시장에 순응하라 – 순응의 법칙

주식으로 돈을 많이 번 대부분의 부자는 시장에 순응하였다.

주식의 역사를 통하여 시장은 등락을 거듭하여 온 것을 알 수 있다.

상승장이 있으면 하락장이 있고 중간에는 횡보장이 있다. 아무리 수익을 잘 내다가도 하락장에서 잘못 매매하면 그동안 벌어놓은 수익과 원금을 잃어버릴 수 있다.

주식을 하다 보면 시장의 큰 흐름을 읽지 못하는 경우가 있다. 안정적인 이익을 거두려면 개별 종목에 얽매이지 말고 먼저 경제의 큰 흐름을 봐야 한다.

숲을 보고 나무를 봐야 한다. 아무리 좋은 종목이라도 시장이 받쳐주지 못하면 하락할 수밖에 없다.

경제는 순환하는 사이클을 가진다. 이를 경기순환 사이클이라고 한다.

경기의 순환은 호황기-후퇴기-불황기-회복기로 반복해서 일어난다.

호황기에는 상승장으로 대다수 주식이 상승한다. 이때 기회를 포착한다면 수익을 극대화할 수 있다. 상승장으로 주가가 급등하여 거품이 생기기 시작하면 서서히 후퇴기로 접어든다. 호황기에 도취하여 수익만을 생각하다 보면 자칫 후퇴기를 제대로 읽지 못하여 시장에서 빠져나와야 할 시기를 놓치게 된다.

불황기는 폭락을 일으키는 종목들이 많아지고 시장이 전체적인 침체 국면에 빠져들어 많은 이들에게 고통을 주게 된다.

호황기나 후퇴기 초입에서 수익금을 챙겨둔 투자자에게는 불

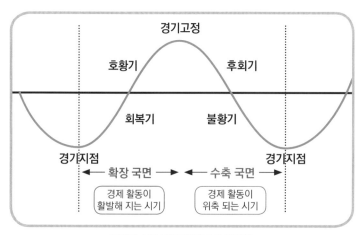

경제의 순환 사이클(ZUM 학습백과)

황기가 그야말로 절호의 기회가 될 수 있지만 계속 주식을 보유한 상태로 불황기를 맞은 투자자에게는 큰 고통과 인내를 요구한다.

불황기를 잘 겪고 나면 회복기를 거치면서 침체국면을 벗어나게 된다. 이러한 경기의 순환 사이클은 주기적으로 일어난다.

당신이 주식을 하면서 경기의 순환에 관심을 가져야 하는 이유가 바로 여기에 있다.

회복기나 상승기에는 수익을 극대화하고 후퇴기와 불황기에는 잘 이겨내기 위해 현재 경기국면이 과열인지, 침체인지 큰 그림을 보아야 한다.

경기의 사이클은 어느 정도 주기를 가지고 나타나기 때문에 경제 관련 기본 소양만 쌓으면 현재의 국면이 어느 지점에 가까운지 이해할 수 있다.

경기의 사이클이라는 것이 그렇다고 자로 잰 듯이 정확하게 오는 것은 아니다. 전 세계적인 경제 상황과 개별 국가 상황에 따라 유동적이다. 끊임없는 관심을 가지고 시장을 지켜봐야 한다.

전 세계의 주식시장에 영향을 주는 나라가 있다.

바로 '미국'이다. 미국의 다우, 나스닥 등락은 전 세계의 지수에 영향을 준다. 미국 총생산 규모는 세계 총생산의 23% 정도를 차지할 정도로 막강하다.

흔히 말해서 미국이 기침하면 우리나라는 감기에 걸린다고 할 정도로 전 세계에 미치는 영향력은 대단하다. 중국이 세계 2위로 미국을 바짝 뒤쫓고 있지만, 세계에 미치는 영향력은 미국에 비해 미미한 수준이다.

2025년 이후 중국경제가 미국을 추월할 것이라고 예상하지만, 미국의 영향력은 쉽게 빼앗기지 않으리라 생각한다.

이처럼 막강한 영향력을 미치고 있는 미국 증시의 동향을 파악하는 것은 필수이다.

대학 교양과목 시간에 한 교수님께서 질문하셨다.

"왜 에베레스트가 세계에서 제일 높은 줄 아느냐?" 모두 답변을 못 하고 다양한 답변을 내놓았다. 정답은 히말라야라는 높은 산맥 위에 있기 때문이라는 것이었다. 평평한 평지에 있는 산이 아무리 높아도 히말라야라는 산맥에 있는 낮은 산보다 해발고도가 낮은 것은 기준이 되는 출발선이 다르기 때문이다.

그 당시에는 다양한 지식을 두루 쌓아 기본소양을 쌓으면 나중에 전문 분야에서 남보다 우월할 수 있다고 말씀하셨지만, 이는 주식에도 적용이 된다.

개별 종목이 아무리 좋다 하더라도 상승장, 횡보장, 하락장에서의 나타나는 모습은 차이가 크다.

상승장에서는 조금만 실적이 좋아도 쉽게 주가 상승이 일어날 것이지만, 하락장이라면 상승은커녕 전체 시장에 영향을 받아 주가가 하락할 수도 있다.

2020년 3월에 코로나19 대유행 상황으로 전체 주식시장이 출렁이면서 대부분의 주식이 하락했다.

차트를 보면 삼성전자도 하락했다.

삼성전자가 실적이 안 좋아서 하락한 것이 아니라 미래시장에 대한 불확실성과 경기침체에 대한 우려로 전체적으로 급락한 것이다.

만약 이 당시에 현금을 보유하고 있는 분이었다면 싼 가격에 삼성전자 주식을 살 수 있었을 것이고 그 후에는 차트에서 보듯이 급반등을 하여 상당한 수익을 안겨주었다.

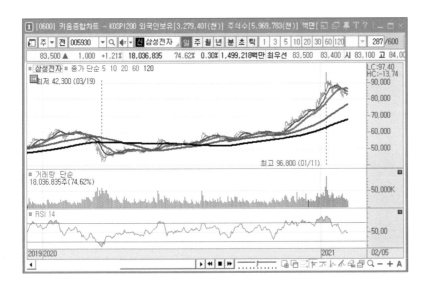

법칙❷ 종목 선정이 갑이다-종목 선정의 법칙

주식매매를 하면서 성공 투자의 90%는 종목 선정에 있다고 본다. 좋은 종목을 매수하면 좋은 결과를 가져다준다.

주식의 역사를 보면 좋은 주식은 등락을 거듭하더라도 우상향으로 주가가 올라간 것을 볼 수 있다.

단기적으로 손실을 볼 수 있지만, 결과적으로는 수익을 준다.

당신이 주식을 하면서 가장 많이 실수하는 것이 무엇인지 되돌아보기 바란다.

주식을 오랫동안 했지만, 수익을 내지 못하고 손실을 냈다면 제일 먼저 돌아봐야 하는 것이 바로 당신이 매매한 종목이다.

초보자들 같은 경우는 처음에 주식을 잘 모르기에 주변의 지인이나 전문가라는 분들의 조언을 듣고 종목을 매수하게 된다.

초보라고 하더라도 남의 조언을 듣고 종목을 매수하는 것은 독이 되는 경우가 많다.

조언은 듣되 반드시 본인 스스로 종목에 대한 이해와 왜 이 종목을 매수하는지에 대한 이유가 타당해야 한다.

당신이 시장에 나가서 물건을 살 때 모르는 물건이라고 주변의 조언만 듣고 무작정 사지는 않을 것이다. 그 물건에 대하여 알아보고 나에게 맞는 것인지, 더 좋은 것은 없는지, 가격은 괜찮은지 등을 다양하게 비교 검토한 후에 살 것이다.

주식을 매매하면서 실수하는 것이 주식과 물건을 다르게 생각하는 것이다. 이러한 생각이 주식매매를 하면서 실수하게 만든다.

주식도 상장된 수천 종목 중에서 고르고 골라야 하는 상품과 같다. 오로지 주식으로 수익만 내겠다고 생각하다 보니 주식을 제대로 보지 못하고 사고파는 행위에만 급급하게 되어 수익이 아닌 손실을 보게 된다.

시장에 가보면 인기 있는 상품과 인기 없는 상품이 있다. 인기 있는 상품은 그 나름의 이유가 있다. 당신이 시장에 갔는데 인기 있는 상품을 두고 단지 싸다는 이유만으로 별로 인기 없고 좋아 인기 없는 상품을 굳이 사겠는가? 여기에서 주의할 점은 인기 있는 상품이라고 해서 다 좋은 것은 아니기에 충동구매를 해서는 안 된다는 점이다.

주식도 다양한 이유로 인기 있는 종목과 인기 없는 종목이 있다. 인기 있는 종목은 왜 인기가 있는지, 인기 없는 종목은 왜 인기가 없는지를 확인해야 한다. 인기 있는 종목은 이익이 증가하고 있고 큰 호재가 있는 경우가 많다. 특별한 이익증가나 호재가 없이 주가만 올라가고 있다면 반드시 의심을 해봐야 한다.

인기 없는 종목은 적자가 나고 있는지, 어떤 악재가 있는지를 검토해야 한다. 잘 확인하다 보면 흙 속에 묻힌 진주를 발견할 수 있다.

종목을 선정하면서 시장에서 주목받고 인기 있는 종목과 인기 없이 소외된 종목 중 어느 종목을 선정해야 한다고 단정적으로 말하기는 어렵다.

확률적으로는 인기 있는 종목이 수익을 안겨줄 확률이 높다.

인기가 있다는 것은 어떤 이유이건 간에 시장에서 그 종목에 관심이 있는 사람들이 많다는 것이고 수요와 공급의 법칙에 따라서 주가가 상승할 확률이 높다.

그러나, 악의를 가진 작전 세력에 의한 인위적인 주가 상승의 경우일 수도 있기에 조심해야 한다.

인기 없이 시장에서 소외된 종목 중에서 흑진주를 발견하게 된다면 당신은 남보다 더 큰 이익을 거둘 수 있다. 지금은 시장에서 관심을 받지 못하고 있지만, 흑진주라는 것이 시장에 알려지는 순간 사람들에게 주목을 받게 될 것이고 주가는 상승할 것이다. 소외되었을 때는 싼 가격에 머물러 있기에 좋은 주식을 싸게매수할 기회가 된다.

수천 종목 중에서 어떤 종목을 매수해야 하는지 궁금할 것이다. 지금부터 종목 선정 기준에 대하여 알아보겠다.

1. 아는 종목을 선정하라

종목 선정의 첫 번째는, 아는 종목을 매수하는 것이다. 무슨 일을 하는 회사인지, 이익은 나고 있는지, 대표는 누구인지 등 본인이 아는 종목을 매수하는 것이 중요하다.

주식으로 성공하는 투자자들은 자신이 투자하고 있는 종목에 대하여 잘 알고 있다.

종목에 대하여 잘 알고 있다 보니 주가가 출렁거려도 흔들리지 않고 본인이 원하는 수익을 줄 때까지 기다리고 인내할 수 있는 것이다.

당신이 주식을 매수하고 나서 매도하게 되는 가장 큰 이유 중하나가 바로 모르는 종목을 매수하기 때문이다. 테마에 묶여서, 차트가 좋아 보여서 등등 종목에 대한 이해가 없는 상태에서 매수를 하다 보니 주가가 하락하게 되면 덜컥 겁이 나서 매도하게 되는 것이다. 당신이 그동안 매매해 온 모습을 뒤돌아보아라. 매매한 종목에 대하여 얼마나 알고 있는가?

단기매매를 하는 투자자는 본인이 매매한 종목을 기억조차 못하는 경우도 많다. 단지 순간적인 호가나 차트의 흐름에서 좋아 보이기에 사고팔고를 반복하는 것이다.

하루에 몇 종목에서 수십 종목에 이르는 매매를 하다 보면 어떤 종목을 사고팔았는지 나중에는 기억하기도 힘들다.

단타에서 손절매를 필수로 얘기하는 이유가 여기에 있다. 모르는 종목을 샀는데 하락하면 어떻게 대응해야 할지 모르는 것이다. 그래서, 매수 후에 기준을 두고 하락하면 일정 손실구간을 설정한 후에 손절매를 하는 것이다.

당신이 잘 알고 있는 투자의 귀재 워런 버핏은 자신이 아는 종목에 투자하기로 유명하다. 그중에서도 코카콜라에 투자하고 있는 것은 잘 알고 있을 것이다.

이 글을 읽는 사람 중에 코카콜라를 마시고 있는 분도 있을 수 있다. 나도 며칠 전 코카콜라를 마셨다. 이처럼 우리 삶에 친숙한 기업들이 너무나도 많다.

알게 모르게 무의식적으로 소비하고 사용하는 기업들을 투자하면 된다.

힘들게 찾으려고 하지 말고 아는 종목에 투자하는 것은 종목 선정에 가장 현명한 방법이다.

지금 내 삶에서 필수적으로 사용하고 자주 사용하는 것들이 무엇인지 한번 생각해 보기 바란다.

당신이 매일 사용하고 자주 사용하고 생활에 필수적인 것들이 무엇인가?

매일 사용하는 핸드폰은 어떤가? 지금 무슨 핸드폰을 사용하는가? 가장 많이 팔리는 핸드폰은 어느 기업에서 만든 것인가? 바로 그 기업이 매출이 좋은 것은 당연하다.

핸드폰에서 가장 자주 사용하는 것은 무엇인가? 나는 요즘 카카오톡을 매일 사용하여 정보를 얻고 안부를 전한다. 카카오톡 안에는 다양한 기능이 있다. 메시지를 비롯하여 게임, 카카오페이, 카카오뱅크, 선물하기를 비롯한 상품 결제 등이 있다.

또한, 카카오 택시를 비롯하여 카카오 대리운전 등 그 영역을 점차로 넓혀 나가고 있다.

코로나19 대유행 상황으로 비대면 경제가 성장하면서 2020년 카카오는 급성장하였고 그 추세는 지속할 것으로 보인다.

이 외에도 여러분이 타고 다니는 자동차는 어디에서 만들었는지, 사용하는 화장품, 옷, 신발 등등 친숙한 기업들이 얼마나 많은가? 종목을 선정하는 것과 당신의 삶은 동떨어진 것이 아니다.

내가 사용하고 친숙한 기업들부터 접근한다면 종목 선정이 어렵지는 않을 것이다.

2. 시가총액이 큰 종목에서 선정하라

다음으로 종목을 선정하면서 중요한 것은 시가총액이 큰 종목에서 선정하는 것이다.

우리나라에 상장된 종목들은 수천 개가 넘는다. 계속해서 신규 종목들이 상장되고 있고 일부는 상장폐지되기도 한다.

종목을 선정하면서 가장 힘든 것은 이렇게 많은 종목 중에서 어떤 종목을 선정할지 고민하게 되는 것인데 그중에서 한 가지 방법이 시가총액이 큰 종목을 매수하는 것이다.

시가총액이 크다는 것은 그만큼 다른 기업보다 규모가 크다는 것이고 이런 기업들은 매출 규모가 클 뿐만 아니라 대중들에게 많이 알려진 기업들이다.

시가총액이 크다고 무조건 좋은 것은 아니지만 그만큼 투자자들에게 관심을 받고 있다고 볼 수 있다. 시장 논리에 의해서 인기가 많고 매출이 늘어나는 종목들은 시가총액이 올라가고 아닌 종목들은 순위가 밀리게 된다. 시장 논리에서 상위에 있다는 것은 그만큼 검증된 종목이라고 볼 수도 있다. 물론, 드물기는 하지만, 시가총액이 큰 종목 중에서 물의를 일으켜 상장 폐지되거나 큰 손실을 주는 종목들도 있는데 이런 종목들을 자세히 보면 영업이익이 적자인 경우가 많고 뉴스로 급등한 종목들인 경우가 많다. 이런 부분들을 잘 검토한다면 피해 갈 수 있는 종목들이다. 특히, 신규 상장된 종목들의 경우는 어느 정도 검증이 시간이 필요한 경우가 많다. 최근 들어 문제가 된 종목 중에는 바이오 관련 종목들이 많은데, 임상 중이라는 호재성으로 급등한 경우가 많다. 신약이라는 것은 최종 승인을 받기 전까지 성공확률이 매우 낮을 뿐만 아니라 시간도 오래 걸리기 때문에 주의할 필요가 있다.

3. 경제신문이나 뉴스에서 자주 언급되는 종목, 특히, 정부 정책과 관련된 종목을 선정하라

주식을 하려는 분들에게 경제신문은 필수이다.

주식을 하려면 전반적인 경제 흐름 지식이 필요하다.

경제신문을 6개월 정도 정독해서 본다면 경제를 보는 눈을 기를 수 있고 어느 정도 경제를 예측하는 눈이 생긴다. 경제신문을 구독하지 않고 있다면 경제신문을 반드시 구독하기를 바란다.

가능하다면 한 종의 신문보다는 두 서너 종의 신문을 구독하기를 바란다.

경제신문은 현재 일어나고 있는 사실을 알려주는 동시에 미래에 대한 팁을 얻을 수 있다.

그중에서 정부 정책과 관련된 기업은 주목할 필요가 있다.

정부 정책은 막대한 자금이 투입되는 사업이다. 또한 장시간에 걸쳐 진행되기 때문에 수요가 늘어나고 매출이 증가할 수밖에 없다. 반드시 정부 정책과 관련된 기업은 수시로 점검하여야 한다.

4. 저평가된 종목을 선정하라

주식은 쌀 때 사서 비쌀 때 파는 것이다.

종목이 저평가된 종목을 사는 것은 안전한 투자를 위한 필수이다.

여기에서 저평가되었다는 것은 저 PER(주가수익비율)나 저 PBR(주가순자산비율)만을 의미하는 것은 아니다.

절대적으로 저 PER나 저 PBR된 종목을 의미하는 것이 아닌 상대적인 저평가를 말하는 것이다. 즉, 관심을 가지고 보고 있던 종목이 다양한 상황에 의해 하락하여 눌림을 주는 자리를 말하는 것이다. 여기에서 주의할 것은 종목 자체의 큰 내부악재는 제외한다. 횡령, 배임이나 자본잠식, 불성실공시 등 상장폐지와 관련될 수 있는 악재는 무조건 피해야 한다.

관심 종목을 선정했으면 기본적인 분석은 어느 정도 했다는 가정하에 그 종목이 눌림을 주는 종목을 말한다. 바닥권이나 눌림을 준 위치에서 기관, 외국인들의 수급이 꾸준히 들어온다면 향후에 상승할 확률이 높다. 앞부분에서 주식시장에도 세력들이 있다고 말했는데 금액이 큰 세력들은 물량 매집을 하는 데 시간이 오래 걸리기에 주가가 상승하지 않는다. 특히, 외국인의 수급이 꾸준히 들어온다면 관심을 가지고 따라 매수했을 때 좋은 결과가 나올 확률이 높다.

5. 업종 1등 주를 선정하라

상장되어 있는 종목은 수천 개가 있다. 이 중에서 다양한 업종으로 나눠진다. 우리가 매매해야 하는 종목은 업종 1등주이다.

1등만 기억하는 세상이다.

미국의 아마존, 페이스북, 애플, 구글, 마이크로소프트, 코카콜라, 우리나라의 삼성전자 등이 꾸준히 상승하는 이유는 업계 1등이기 때문이다. 시장에서는 1등만을 기억한다. 당신이 사용하는 제품도 어떤 제품을 사용하는지 돌아보라. 우리가 소비하는 제품들을 돌아보라. 항상 시장에서 가장 인기가 있는 1등 제품을 사용한다. 기업은 실적이 향상되어야 주가도 상승한다. 1등을 하는 기업이 시장에서 인정받고 주가도 상승하게 된다. 이번에 '쿠팡'이 미국 나스닥 시장에 상장되었다. 매년 1조대의 적자를 내는 회사가 상장하자마자 100조대의 기업 평가를 받고 있다. 이게 말이 되냐고 하겠지만, 매출 규모가 1위다. 나는 예전부터 쿠팡기업을 보면서 아마존이 생각났다. 아마존의 초창기 모습하고 닮은 부분이 많았기 때문이다. 쿠팡 대표의 말과 마인드도 아마존의 베조스와 비슷하다. 결국 세계 최고의 부자를 만든 아마존처럼 쿠팡 대표는 주식 상장으로 손가락질 받던 수조 원대의 적자 기업에서 우리나라 몇 손가락 안에 들어가는 부자가 되었다. 머지않아 우리나라 부자 1위가 될 수도 있다.

이처럼 시장은 1등만을 알아준다. 적자 기업일지라도 1위의 기업은 시장의 가치를 받게 된다. 물론 적자의 이유가 설비투자냐 아니면 매출 부진으로 인한 적자냐는 면밀히 살펴보아야 한다.

업종은 다양하다. IT, 건강·미용, 건설, 금속, 기계, 바이오, 반도체, 통신, 전자, 조선, 제약, 화학, 의료, 생활, 자동차 등 다양한 업종으로 나누어진다. 이 중에서 업종별 상위 종목, 그 중에서도 1등 종목을 관심 종목으로 선정해야 한다.

업종을 일목요연하게 정리해 놓은 좋은 책들이 서점에 나와 있다. 반드시 한 권 정도는 구매해서 꾸준히 공부하기 바란다. 노력 없이는 열매를 얻을 수 없다. 그러나 꾸준한 노력에는 반드시 보답은 있다.

6. 정배열 종목을 선정하라

주식은 일정한 흐름을 가지고 등락을 반복한다. 이것을 정리해 놓은 것이 차트이다. 차트는 봉, 거래량, 이동 평균선을 통해 현재 주가가 어느 위치에 있는지를 보여준다. 종목을 선정하고 매수, 매도함에 있어 차트는 기준점을 제공해 준다.

이 중에서 정배열 종목이 상승할 확률이 높다. 보기 좋은 떡이 맛도 좋은 것처럼 보기 좋은 차트의 모습을 그리면 시장의 다양한 참여자들이 관심을 가지게 된다.

수요가 몰리는 종목은 상승할 확률도 높아진다.

가격과 기간의 조정을 거친 종목 중 차트상 정배열 모습을 보이는 종목을 선정하라.

정배열이란 기간이 짧은 이동 평균선부터 기간이 긴 이동 평균선 순으로 이동평균선이 배열된 상태를 말한다. 예를 들어 5일선, 10일선, 20일선, 60일선, 120일선 이런 순으로 위에서부터 아래로 이동 평균선이 정렬된 상태를 정배열이라고 한다. 반대로 짧은 기간의 이동평균선보다 긴 기간의 이동 평균선이 위에 있는 상태를 역배열이라고 한다.

차트를 볼 때는 숲을 먼저 보고 나무를 봐야 한다. 전체적인 흐름을 파악한 다음 세부적으로 접근해야 한다.

평소에 관심 있는 종목의 차트를 출력해 두고 자주 보는 습관을 지녀야 한다.

차트에서 월봉을 먼저 보고 주봉, 일봉 순으로 보기 바란다.

7. 거래량이 풍부한 종목을 선정하라

주식에는 세력이 있다고 얘기했다. 그 중에서 세력들이 속일 수 없는 것이 거래량이다. 시장에서 주목을 받지 못하다가 세력들이 개입을 하게 되면 거래량이 늘어나게 된다. 거래량이 풍부하다는 것은 시장에서 주목을 받고 있다는 것이다. 이러한 종목들이 눌림을 주게 되면 세력들이 알아서 주가를 다시 상승시킨다. 세력들은 대량 자금을 운용하기 때문에 짧은 시간이 아닌 수개월에서 수년에 걸쳐서 주식을 매수한다. 세력의 등에 타는 방법은 이런 종목을 찾아내서 세력이 물량을 매집할 때 같이 매집하고 상승할 때 수익을 보고 매도하는 것이다. 평소 차트를 보면서 거래량이 풍부했던 종목들 중에서 재무상태가 양호하고 현재 거래량이 줄어들고 있으며 조정을 받아 주가가 하락한 종목을 관심 종목으로 선정하기 바란다.

법칙❸ 매수는 타이밍이다 - 매수의 법칙

종목을 선정했다면 매수를 잘해야 한다.

좋은 종목을 선정했다고 하더라도 매수를 잘해야 좋은 수익을 낼 수 있다.

주식을 하면서 경험한 바로는 같은 종목을 매수하더라도 누구는 이익을 보고 누구는 손실을 본다. 바로 매수의 타이밍이 다르기 때문이다.

매수는 타이밍이다. 누군가가 매도를 하여 하락할 때 공포를 이기고 매수를 해야 한다.

이론상으로는 나도 할 수 있다고 생각하지만, 막상 시장 상황이 나빠져서 연일 뉴스에서 주가 하락에 관련된 내용이 나온다면 쉽게 매수하지 못한다.

평소에 다양한 종목의 차트를 출력해서 벽이나 잘 보이는 곳에 붙여두고 이미지 트레이닝을 해야 한다.

지금부터 성공매수를 위한 법칙을 알아보겠다.

1. 거래량을 보라

매매를 하면서 가장 중요하게 봐야 하는 부분이 거래량이다.

앞부분에서 주가를 움직이는 세력이 있다고 얘기했다.

슈퍼 개인투자자부터 거대 기관, 외국인에 걸쳐 다양한 세력들이 주가의 움직임을 조종하고 있다는 것을 잊어서는 안 된다.

이때 세력들이 속일 수 없는 것이 바로 거래량이다. 거래량을 통하여 세력들의 움직임을 추측할 수 있다.

눌림을 주는 자리에서 거래량이 줄어드는 경우 더는 매도 세력이 없다는 것을 의미하고 저점을 형성할 가능성이 높은 이 지점이 매수자리다.

2. 월봉 60일, 120일 이동 평균선의 지지를 보라

관심 종목의 매수는 기본적으로 눌림 매매를 한다.

주식은 매번 강조하지만 싸게 사서 비싸게 파는 것이다. 매수는 싸게 사는 것에 초점을 두어야 한다. 싸게 사는 것의 초점은 눌림 매매이고 눌림 매매 지점이 바로 지지가 되는 이동 평균선이다.

월봉 60일선과 120일선 눌림에서 매수한다.

60일선과 120일선이 정배열인 상태에서 60일선 눌림에서 매수하면 된다. 60일선에서 상승하고 재차 눌림을 주는 경우에는 60일선이 아닌 60일선 아래 120일선에서 매수한다.

60일선은 처음 눌림 자리에서만 매매하도록 한다.

여기에서 중요한 것은 60일선과 120일선이 우상향을 그리고 있어야 한다. 이 말은 주식시세가 상승을 유지하고 있는 상태에서의 눌림을 말한다. 우하향을 그리며 추세가 꺾인 상태에서는 매수하면 안 된다. 결코, 시장의 흐름을 역행하는 매수를 하면 안 된다. 60일선과 120일선이 우하향을 그리고 있다면 그 종목은 하향 추세에 진입한 것으로 보아야 한다. 만약 관심 종목 대부분이 우하향을 그린다면 시장 전체가 하락추세에 진입한 것으로 보고 현금 보유 후 시장의 추세를 파악해야 한다.

이동 평균선이 모였다가 월봉이 모든 이동 평균선 위로 올라탈 경우 시세의 초입으로 보고 매수할 수 있다. 이때는 시세가 시작되는지를 보기 위해서 거래량과 호재성 뉴스를 종합적으로 봐야 한다.

3. RSI 보조지표 과매도권에서 매수하라

RSI 보조지표는 앞에서도 언급했듯이 보조로 활용하면 된다. 일봉이나 주봉을 보면서 RSI 보조지표가 30 아래에 있으면 과매도권으로 볼 수 있다. 매수는 싸게 사는 것이 원칙이므로 과매도권에 있으면 상황이 악재 뉴스 등으로 공포 분위기에 휩싸여 있을 가능성이 높다. 이 경우에 쉽게 매수에 손이 안 가는데 이때 보조로 활용할 수 있는 것이 RSI 지표이다. 과매도권으로 표시되어 있으면 공포를 이겨내고 분할 매수한다면 향후 좋은 결과를 얻을 확률이 높다.

4. 분할 매수하라

주식매매에서 성공하는 길은 분할매매이다.

모든 것이 그렇지만 100%라는 것은 없다. 매수하는 가격대가 저점이라고 생각이 들어도 시장은 전혀 예측하기 힘든 경우가 많다. 따라서, 한꺼번에 매수하고 매도하는 습관은 실패하는 주식투자자로 만든다.

신이 아닌 이상 저점과 고점을 아무도 모른다.

저점과 고점의 위험성을 손실 회피하는 유일한 길은 분할 매매하는 것이다.

매수할 금액을 세 분할로 나누어 첫 번째 30% 매수하고 -10%

하락하면 2차 30% 매수, 추가 -10% 하락하면 40%를 매수한다. 이 경우는 여유 자금이 있어서 몇 년 동안 이 자금을 사용하지 않아도 되는 경우에 해당하는 것이다.

다른 방법은 종목을 선정 후에 매월 적금을 붓는다는 생각으로 일정한 날짜에 매수하는 것이다. 상승과 하락이 반복되더라도 결국 우상향을 그리면서 상승하기 때문에 수익을 낼 수 있다.

5. 세 종목에 나누어 매수하라

개인이 매매할 때 너무 많은 종목을 매수하면 수익금이 작아질 수 있다. 또한 한 종목을 매매하면 리스크가 너무 크다.

최대한 종목을 압축해서 세 개 정도의 종목에 나누어 매매하기를 바란다.

자신이 종목 선정에 자신이 있다고 생각된다면 한 종목으로 집중하는 것도 나쁘지는 않다. 대신에 그 종목에 대하여 최대한 공부한 다음 신중히 선택해야 한다. 이 경우에는 장기간인 3년 이상을 보고 집중한다면 좋은 성과를 얻을 수 있다.

법칙❹ 수익을 극대화하라 – 매도의 법칙

주식은 매수보다 매도가 더 중요하다.

좋은 종목을 매수하여 수익이 났더라도 수익실현을 하지 않으면 내 것이 아니다. 또한 좋은 종목을 좋은 가격에 매수한 뒤 수익이 조금 났다고 해도 섣불리 매도하지 말고 충분한 수익을 가져가면서 여유 있게 매도해야 한다.

주식은 등락을 반복한다고 했다. 주식이 상승했으면 어느 시점이 되면 하락한다.

수익이 났을 때 가장 큰 것이 욕심이다. 더 상승하겠지 하는 생각에 매도를 못 하고 수익금을 모두 반납하게 될 수 있다.

내가 처음 주식을 시작했을 때 어떤 강사분이 말씀하신 것이 기억난다.

고객분 중에서 한 종목을 1억 원 정도 매수 후 주가가 상승하여 수익을 내고 있었는데, 어느 정도 수익이 났을 때 수익 실현하라고 조언을 드렸더니 100배 정도의 상승을 기대하고 있다면서 팔지 않았다고 한다. 100배의 수익은 너무 과하다고 생각했지만, 그 종목이 실제로 100배 상승하여서 100억까지 수익금이 늘었다고 한다. 고객이 실제로 계좌를 보여줘서 100억의 계좌를 눈으로 확인했다고 한다. 그때까지 팔지 않고 기다린 고객이 대단하다고 생각하며 이제는 수익 실현을 하시라고 조언했다고 한다. 그러나, 더 상승할 것이라면서 팔지 않고 고집을 부렸다고 한다. 결과적으로 그 종목은 하락해서 제자리로 돌아와서 다시 원금 1억이 되었다고 한다. 그 고객은 그 종목을 아직도 팔지 않고 들고 있다고 했다.

인간은 탐욕은 항상 기회를 잃게 만든다.

주식 격언 중에 '무릎에 사서 어깨에 팔아라'는 말이 나온 이유가 바로 이 때문일 것이다.

수익은 줄 때 챙겨야 내 것이 된다.

미라클 주식투자 매매는 기본적으로 100~300%로 수익이 나면 분할 매도를 한다. 100% 수익이 나면 20%씩 매도하면서 수익금을 챙기기를 바란다.

100% 이상 상승한 고점에서 최대의 거래량이 발생하면서 긴

양봉을 만든다면 고점 징후이므로 80% 이상 매도하고 향후 흐름을 지켜보다가 일봉 20일선을 기준으로 대응하면 된다.

기본적으로는 손절매는 하지 않는 것이 원칙이다.

그러나, 손절매가 필요한 상황이 있다.

종목에 갑작스러운 악재가 나올 때는 손절매를 하지 않는다면 심할 경우 상장폐지를 통해 주식이 휴짓조각이 될 수도 있다.

손절매는 마지막 수단으로 사용해야 하며 단지 가격이 하락한다고 손절매를 해서는 안 된다.

손절매를 하는 경우는 크게 두 가지이다.

첫째는 매수한 종목에 큰 악재가 발생한 경우이다.

횡령, 배임, 불성실 공시나 연구 개발 실패 등 큰 악재의 경우에는 손절을 해야 한다. 매수를 하기 전 검토를 하고 좋은 종목이라고 매수했는데 생각하지 못한 악재가 발생할 우려는 언제나 있다. 완벽한 종목은 없다는 것을 명심하고 어떤 종목이라도 악재는 발생할 수 있다는 생각을 가져야 한다.

둘째는 매수한 종목보다 더 좋은 종목을 발견했을 때이다.

매수한 종목이 상승하지 않고 눌려 있는데 현재 종목보다 훨씬 좋은 종목을 발견했을 때는 기회비용을 생각해서 현재 종목을 손절하고 더 좋은 종목으로 갈아타고자 하는 것이다.

이때는 신중히 검토할 필요가 있다. 더 좋은 종목이라고 갈아
탔는데 나중에 현재 종목이 급등할 수 있기 때문이다. 섣부른 갈
아타기는 거래 수수료를 날릴 뿐 아니라 수익의 기회를 놓칠 수
있기 때문에 더욱 신중해야 한다.

법칙❺ 복리는 황금알이다 – 복리의 법칙

아인슈타인이 세계 불가사의 중 하나라고 말한 복리의 마법에 대하여 알아보겠다.

주식으로 부자가 되기 위해서는 복리의 위력을 알고 있어야 한다. 주식을 하면서 조급해하는 이유는 돈을 빨리 벌고 싶어 하는 마음 때문이라고 앞부분에서 얘기했다.

워런 버핏이 스노우볼을 굴리라고 했듯이 복리의 특징은 처음에는 서서히 금액이 불어나지만, 나중에는 급격하게 금액이 불어난다는 점이다. 그래서 '복리의 마법'이라고 부른다.

복리의 마법에 대하여 제대로 알고 있다면 어느 순간부터 내 자산이 눈덩이처럼 커지리라는 것을 알기 때문에 인내하며 시간 속에서 자산이 늘어나는 즐거움을 만끽할 수 있을 것이다.

아인슈타인의 72 법칙이 있는데 원금을 2배로 불리는 기간을 복리로 계산하는 식이다.

$$72/연 수익률 = 기간(년)$$

위의 식으로 수익률에 따라서 내 원금이 2배로 불어나는 기간을 계산할 수 있다.

예를 들어 연수익률 10%라고 하면

72/10＝7.2년

원금이 2배가 되는 시간이 7년이 조금 넘게 걸린다는 것이다.

연수익률을 20%로 올리면

72/20＝3.6년

연수익률을 30%로 올리면

72/30＝2.4년

연수익률을 40%로 올리면

72/40＝1.8년

연수익률을 50%로 올리면

72/50＝1.44년

연수익률을 60%로 올리면

72/60＝1.2년

연수익률을 70%로 올리면

72/70＝1.03년

연수익률을 80%로 올리면

72/80＝0.9년

연수익률을 90%로 올리면

72/90＝0.8년

연수익률을 100%로 올리면

72/100＝0.72년

⋮

위에서 보듯이 연수익률을 올리면 기간은 계속해서 줄어든다.

워런 버핏이 연평균 20% 초반대의 수익률로 세계적인 부자가 되었듯이 복리의 힘은 엄청나다.

우리가 흔히 드는 예로 옛날 1626년 청교도 인들이 인디언들로부터 단돈 24달러에 미국의 뉴욕 맨해튼을 샀다고 한다. 지금 미국에서 가장 비싼 땅 중의 하나가 되었다. 그래서 이 거래를 두고 어리석은 거래라고 얘기한다.

그러나, 피터 린치는 1989년에 놀라운 계산을 통해 복리의 위력을 세상에 알렸다.

인디언들이 만약 땅을 판 24달러를 연 8%의 채권, 주식 등 금

	20%	30%	40%	50%
0	100	100	100	100
1년	120	130	140	150
2년	144	169	196	225
3년	172.8	219.7	274.4	337.5
4년	207.36	285.61	384.16	506.25
5년	248.832	371.293	537.824	759.375
6년	298.5984	482.6809	752.9536	1,139.0625
7년	358.31808	627.48517	1,054.13504	1,708.59375
8년	429.981696	815.730721	1,475.789056	2,562.890625
9년	515.9780352	1,060.4499373	2,066.1046784	3,844.3359375
10년	619.17364224	1,378.58491849	2,892.54654976	5,766.50390625

융상품에 복리로 투자했다면 그 가치가 32조 달러가 넘는다는 계산을 한 것이다.

당시 맨해튼 전체의 땅값은 1,000억 달러에도 되지 않았다.

위의 사례를 통하여 복리의 마법이 어떻게 큰 부를 가져다줄 수 있는지 알 수 있을 것이다. 주식을 하면서 복리를 이해하는 사람은 돈을 벌 수밖에 없다. 조급해하지 말고 시간 속에 인내하며 수익을 반복하다 보면 당신에게 상상하지 못하는 황금알을 안겨다 줄 것이다.

워런 버핏도 젊은 나이에 두각을 드러낸 것이 아니라 노후에 이르러서야 재산이 급격하게 불어났다.

눈덩이를 서서히 굴리다 보면 엄청난 규모로 성장하는 것이다. 예를 들어 원금 1,000만 원을 연수익률 30%로 20년 복리로 재산을 늘린다면 1년 후 1,300만 원, 2년 후 1,690만 원, 3년 후 2,197만 원, 4년 후 2,856만 1,000원, 5년 후 3,712만 9,300원, … 20년 후 약 19억 50만 원이 된다.

연수익률은 변동적일 것이다. 그러나, 연 평균적으로 약 30%를 목표로 했을 경우 20년 후에는 엄청난 재산으로 늘어나게 된다.

주식을 하다 보면 상승, 횡보, 하락장이 있다. 단기적으로는 손실이 나는 구간이 발생할 수 있지만, 전체적으로 우상향하면서 수익을 안겨주게 된다. 매매하면서 노하우가 쌓이다 보면 자신에게 맞는 매매 요령이 하나둘 생길 것이다.

연수익률 30%의 목표는 절대 어렵지 않은 목표라는 것을 깨닫게 될 것이다. 당신에게는 복리의 마법이라는 세계 불가사의 법칙이 있다. 주식을 통하여 맘껏 복리의 마법을 사용하기를 바란다.

미라클 주식투자 **5가지 법칙**

1

순응의 법칙
- 경기의 순환에 따라 회복기와 호황기에 적극 매매하라
- 미국 증시의 동향을 파악하라

2

종목 선정의 법칙
- 아는 종목을 선정하라
- 정부 정책과 관련된 종목을 선정하라
- 종목 1등 주를 선정하라
- 거래량이 풍부한 종목을 선정하라
- 시가총액이 큰 종목에서 선정하라
- 저평가된 종목을 선정하라
- 정배열 종목을 선정하라

3

매수의 법칙
- 거래량을 보라
- 월봉 60일, 120일 이동평균선의 지지를 보라
- RSI 보조지표 과대도권에서 매수하라
- 분할 매수하라
- 세 종목에 나누어 매수하라

4

매도의 법칙
- 수익 100 ~ 300% 분할 매도
- 손절매 : 하지 않는 것이 원칙이나 예외 사항 2가지
  첫째, 매수한 종목에 큰 악재가 발생한 경우
  둘째, 매수한 종목보다 더 좋은 종목을 발견했을 때(신중히 판단)

5

복리의 법칙
- 아인슈타인 : 세계 불가사의 중 하나
- 워런 버핏 : 스노우볼을 굴려라
- 복리의 특징은 시간 속에서 자산이 눈덩이처럼 커진다.

5 장

미라클
주식투자의
대가들

거인의 어깨 위에 올라타라

주식으로 한 해 소득세를
가장 많이 내다 • 고레카와 긴조

추세매매의 대가가 되다 • 제시 리버모어

투자의 귀재, 전설이 되다 • 워런 버핏

주식의 신으로 추앙받다 • 앙드레 코스톨라니

위대한 기업에 투자하라 • 필립 피셔

거인의 어깨 위에 올라타라

내가 더 멀리 볼 수 있었던 것은 거인들의 어깨 위에 올라서서 보았기 때문이다. — 아이작 뉴턴

인간이 다른 동물과 다른 점은 말과 글을 사용한다는 것이다. 말과 글을 통해 축적된 지식과 지혜를 얻을 수 있고 문명을 발전시켜 왔다. 우리는 책 또는 다양한 매체를 통해 주식투자의 대가들을 만날 수 있고 그들의 지혜를 얻을 수 있다. 주식투자에 성공하기 위해서는 끊임없이 그들을 만나야 한다.

이 장에서는 몇 명의 주식투자 대가를 소개하려고 한다. 간략히 소개된 내용에 만족하지 말고 반드시 이 장에서 추천하고 있는 책들을 구입하고 소장하여 몇 번이고 반복하며 그들을 만나기

를 바란다. 역사는 반복되며 주식시장 또한 반복되는 역사를 만들어 왔다. 여기서 만나는 대가들이 과거의 사람이라고 간과해서는 안 된다. 현재 주식시장에도 적용되는 주식시장 근원의 원칙들을 만날 수 있을 것이다.

역사가 되풀이되고 예상치 못한 일이 반복해서 일어난다면 인간은 얼마나 경험에서 배울 줄 모르는 존재인가. ― 조지 버나드 쇼

과거를 잊어버리는 자는 그것을 또다시 반복하게 되는 것이다. ― 조지 산타야나

주식으로 한 해 소득세를 가장 많이 내다

고레카와 긴조

주식투자로 전 일본 소득세 납부 1위를 차지하다!

주식투자는 누구든지 실력 이상의 것을 취급하면 혼란에 빠지고 불안한 심리에 사로잡힌다. 그리고 그것이 실패로 연결되는 것이다.

― 고레카와 긴조

주식을 하는 이유는 주식으로 성공하기 위한 것이다. 고레카와 긴조는 주식매매로 일본 1년 소득 1위를 달성한 일본 주식시장의 신으로 불리는 투자자이다.

그의 자서전 《고레카와 긴조, 일본 주식시장의 신》은 주식투자를 하는 나에게 꿈과 희망을 준 책이다. 주식으로 부자가 될 수 있다는 믿음을 심어준 책이자 많은 가르침을 준 책이다.

1897년 효고현에서 출생한 고레카와 긴조는 어릴 때부터 파란만장한 삶을 살았다. 대공황으로 파산한 후 3년간 도서관을 다니며 자본주의를 연구하고 주식시장에 진출해 연승하며 부를 축적한다. 중간 사업을 하기도 하지만 일본 패전으로 전 재산을 몰수당하고 무일푼으로 63세에 주식을 다시 시작하여 부를 축적한다. 1981년 스미모토 금속광산 주식으로 200억 엔, 한국 돈으로는 2,000억가량을 벌어 일본 소득세 납부 1위를 차지한다. 이러한 성공을 거두기까지 고레카와 긴조의 끝없는 도전과 실패, 공부, 인내가 한몫했다.

일본 주식시장의 신이라 불리는 고레카와 긴조를 통하여 주식투자에 조언을 얻어보자.

정말로 벌고자 한다면, 스스로 경제의 동향을 주의 깊게 살펴야 한다. 일본경제는 물론, 세계 경제의 동향, 그리고 이것을 싫증 내지 않고 일상적으로 지켜가야 한다. 이것은 어느 정도 상식만 있으면 누구라도 할 수 있는 것이다. ― 고레카와 긴조

그가 주식거래를 하면서 참으로 중요하다고 강조하는 것은 '사람들이 관심을 두지 않을 때 얼마나 정확히 포착하고 얼마나 빨리 행동하는가'이다. 한마디로, 사고팔고 쉰다. 이것이 그가 말하는 거래로 성공하는 '삼근도'이다.

고레카와 긴조가 강조하는 것은 어떤 일이든 전력을 다하지 않으면 주식뿐만 아니라 아무것도 성공하지 못한다는 것이다. 주식을 시작하는 많은 사람이 돈을 벌려고 하지만, 성공자가 적은 이유는 전력을 다하지 않기 때문이다. 주식시장은 전쟁터인데 전쟁터에 싸움하러 나오는 사람이 얼마나 준비되어 있는지 자문자답해 보아야 한다.

소중한 돈을 잃지 않기 위해서, 주식으로 부자가 되기 위해서, 당신은 얼마나 준비되었는가? 그는 기력, 체력, 지력을 최고도로 사용하여 신중에 신중을 기하는 것이 주식투자의 기본이라고 말한다.

고레카와 긴조는 '주식투자는 마치 토끼와 거북이와 같다.'라고 말한다. 토끼는 자신을 너무 과신하여 승부를 서두른 끝에 중도에 몰락한다. 한편 거북이는 늦더라도 분명하게 목적지에 도착한다. 결국 토끼처럼 허세를 부리고 눈이 벌게져서 바로 앞에 있는 것만 생각하면, 목적지로 가는 도중에 형태도 없이 사라져버린다. 거북이가 된 심정으로 천천히 시간을 들여 목적지에 도달하는 것이다.

고레카와 긴조는 거북이에 비유하여 원칙을 정했는데 이를 '거북이 3원칙'이라고 한다.

거북이 3원칙이란 다음과 같다.

1. 종목은 수면 아래에 있는 우량한 종목을 선택하여 기다릴 것.

2. 경제, 시세의 동향으로부터 항상 눈을 떼지 말고 스스로 공부할 것

3. 과대한 생각은 하지 말고 수중의 자금 범위에서 행동할 것.

고레카와 긴조는 거래의 원리는 하나라고 말한다. 주식투자의 기본이 거북이 3원칙이라면, 부동산 투자에서도 기본은 역시 같다는 것이다. 뉴타운 구상의 정보를 재빨리 간파하여 누구도 예상하지 못한 수면 아래에서 싼값으로 매수하고 느긋하게 값이 오르기를 기다리는 것이다. 앞을 읽고, 상승을 확신한 다음의 승부이다. 항상 미래를 예측할 수 있는 공부를 하라고 강조한다.

그가 성공한 방법의 하나가 정부 정책을 분석하여 정부가 추진하는 사업 분야에 투자하는 것이다. 정부 정책은 대규모의 예산이 투자되고 파급효과가 크기 때문에 관련분야의 산업이 활성화될 것이므로 관련 분야의 주식 또한 상승하게 된다.

이와 관련된 투자사례로 일본 시멘트 매매가 있다.

일본 시멘트 매입은 정부 정책으로 저평가되어 있는 시멘트 가격이 상승하게 될 것이고 이로 인해 수요가 증가할 것으로 판단

하여 투자한 것이다.

그의 주식매매는 회사 간부들에게조차 이해되지 않는 방법이어서 모두 그를 말렸다고 한다.

주식투자를 하면서 남들이 가지 않는 길을 가는 것은 중요하다.

돈을 버는 주식투자자는 일반 대중과 다른 길을 간 자들이다. 남이 관심을 가지고 뛰어드는 시점은 대부분 고점일 확률이 높다. 아무도 관심 갖지 않아 소외된 시점이 주식으로 돈을 벌게 만들어 주는 타이밍이다.

고레카와 긴조는 일본의 에도 시대 쌀 거래의 대가로 '거래의 신'이라고 불리는 혼마 무네히사가 쓴 쌀 거래 비책인《삼매전》의 영향을 많이 받고 실천한 것으로 보인다.

'벌써는 아직이며, 아직은 벌써다.'

이 말은 벌써 천장이라고 후퇴하자고 생각했을 때는 '아직'이라는 마음으로 다시 한번 생각해 볼 것을 가르치는 것이다. 즉 '더는 오르지 않는다.'는 것은 '아직 더 오른다.'는 것이다. 인기와 시세의 실제 동향과는 항상 반비례하고 반대로 움직이는 것이다. 즉 그것은 또한 고독과의 싸움이기도 하다.

'매도는 신속하게, 매수는 유연하게'

매도는 매수보다 어려운 것이다. 아무리 매수 타이밍을 잘 포착하고 매수에 성공했어도 매도에 실패하면 원금도 이익도 없다. 이익을 모아 원금을 늘리는 일은 불가능한 것이다. 욕심을 억제하지 못하고 매도 타이밍을 놓치면 한번거에 붕괴한다.

주식시장의 폭락은 여지없이 모든 이들이 상승의 기쁨을 만끽하고 있는 절정에 왔다. 모든 언론에서 신고가를 얘기하고, 전문가는 얼마까지 지수가 갈 것이라고 한껏 외칠 때가 고점이었다.

매도자로서 고가에 유연하게 매도하기 위해서는 매도뿐만 아니라 매수 주문도 증권회사에 내는 것이다. 매도와 매수를 번갈아 하면서 보유주식을 서서히 처분해가는 것이 핵심이다.

우리는 고레카와 긴조의 매매 방법에서 기관이나 큰손들의 매매 모습을 엿볼 수 있다.

위의 내용은 종목이 고점 부근에서 왜 거래량이 대량으로 발생하는지를 말해주고 있다. 바로 저점에 매수한 세력들이 자신들의 물량을 매도하기 위해서 사고팔고를 반복하면서 개인투자자들을 유혹하고 서서히 개인투자자들에게 물량을 넘기면서 거래량이 폭발적으로 발생하게 된다.

고레카와 긴조의 주식매매의 성공비결은 자신의 투자철학을 믿고, 충실히 행동하고, 신념을 관철하는 것이다. 그는 절제를 잊고, 과욕하면 참패하는 것은 필연이라고 말한다.

'이기는 것만 알고 지는 것을 모르면 해를 입는다.'

고레카와 긴조에게도 성공한 거래와 실패한 거래가 있다. 인간이기에 아무리 정신 무장을 한다고 해도 욕심과 탐욕, 공포가 판단력을 흐리게 만들고 결국 투자에서 실패하게 만든다.

성공 사례: 도쿄시멘트
종목은 수면 아래에 있는 우량주를 선택하여 기다릴 것.

실패 사례: 도와광업
증권회사 소식지나 신문, 잡지에 실린 기사에 현혹되지 말 것.

주식시장의 신이라 불리는 고레카와 긴조가 실패한 원인은 '시세는 천정에서 가장 강하게 보이고 바닥에서 가장 약하게 보인다.'를 잊었기 때문이다.

연일 상승, 급등하게 되면 머릿속은 탐욕으로 가득 차게 된다.

인간이란 것은 욕심으로부터 과오를 불러일으키는 것이며 정말로 욕심에 한이 없는 천박한 동물에 불과하다고 자신을 돌아본다.

천정에서는 욕심에 휘말리고, 승리감으로 어이없는 고가 매수를 거듭하는 것이 일상이기에 시세는 참으로 극복하기 어려운 요물이라고 말한다.

투자는 인생의 달인과도 상통하는 것이며 기법으로서의 시세전술은 한계가 있다고 말하는 부분에서 흔히 말하는 주식의 기법이라는 것이 왜 어려운지를 설명해 준다.

그는 주식만큼 매력 있는 것은 없다고 말한다.

주식은 칼날처럼 한번 발을 헛디디면 자기 몸을 베는 것이다. 참으로 벨까, 베일까 진검승부 그 자체이다.

위에서처럼 고레카와 긴조는 주식의 매력에 푹 빠져 있었다. 무일푼에서 큰손으로 만들어 주기까지 주식만큼 재미있는 것이 없었을 것이다.

그는 세력들이 물량을 매집하는 모습에 대해서도 자신의 매매 모습을 통해 설명해 준다.

대량의 주식을 한 번에 매집하도록 주가는 저가에 머물러 있지 않다. 그 때문에 주가가 상승하여 매집하기 어렵게 되면, 다른 투자가가 가진 주식을 시장에 매도하도록 보유주식을 던져 유혹하는 것이다.

위의 글은 바닥 부분에서 왜 위꼬리를 달면서 주가는 상승하지 않고 대량거래가 터지는지 이해하는 데 도움이 될 것이다.

매수보다 힘든 것이 매도이다. 왜냐면 더 상승할 것 같은 욕심에 사로잡히기 때문이다. 이에 대하여 고레카와 긴조는 아래와 같이 조언한다.

> **거래 이익이 났을 때, 우선 큰 흐름을 보고, 승리에 도취하지 말고, 다만 무난히 머무를 것을 궁리하라. 반드시 탐욕을 내지 말고, 무난하게 다루고, 거래가 끝난 후에는 쉬는 것이 제일이다. 《삼매전》에 있는 거래의 핵심 원칙이다. — 고레카와 긴조**

'매도는 신속, 매수는 유연'이라고 하는 것처럼 매도로 큰돈을 벌 것인가 말 것인가의 승패의 갈림길에 놓여있는 것이다.

매도가 매수보다 어려운 것은 상승 한도를 알지 못하고 인기에 크게 좌우되기 때문이다. 매도야말로 누구에게도 들키지 않고 몰래 보이지 않는 파동 속에서 처분하는 것이 비결이라고 말한다.

고레카와 긴조는 사람에게는 일생 중 몇 번의 기회가 있으니 그것을 살리는가 죽이는가의 판단을 위해 일상의 노력과 정진, 그리고 진실한 이론과 실천 등이 필요하며 이를 통하여 매일 사고의 훈련을 반복하는 것이 성공의 확률을 높이는 것이라고 말한다. 그기 위해서는 수많은 진검승부를 경험하고 승부로 향하는 감을 키우라고 말한다.

84세 노인의 머리와 담력으로 반년 만에 2백억 엔이나 자산을 만들었다는 것은 정년 퇴직자에게 있어서 희망의 별이다. 투자가에게는 없는 타입의 인물로 행동력도 설득력도 있다. 지금까지도 없고 앞으로도 두 번 다시 나오지 않을 인물일 것이다.

—《고레카와 긴조, 일본 주식시장의 신》

마지막으로 고레카와 긴조는 주식투자를 하는 일반 대중에게 두 가지의 경고를 하고 있다.

첫 번째는 자신이 가진 자금의 범위 내에서 투자하라는 것이다.

두 번째는 신문과 잡지의 헤드라인을 맹신하지 말라는 것이다.

🖱 고레카와 긴조의 **투자 5원칙**

1 종목은 사람들이 추천하는 것이 아니라 자신이 공부해서 고를 것.

2 2년 후의 경제 변화를 스스로 예측하고 바라볼 수 있는 눈을 갖는다.

3 주가에는 타당한 수준이 있다. 상승하는 주식을 마구 쫓아가는 것은 금물이다.

4 주가는 최종적으로 실적으로 결정된다. 단기적인 시세의 변화에 신경 쓰지 마라.

5 예측 불허의 사태 등의 리스크를 마음에 염두해 둔다.

추세 매매의 대가가 되다

제시 리버모어

시장은 절대 틀리지 않는다. — 제시 리버모어

제시 리버모어는 주식시장과 인간을 바라보는 눈의 식견이 매우 뛰어났다. 파란만장한 삶을 산 그는 20세기 초 당대 최고의 투기자였다.

그의 투자 방식에서 배울 부분이 많지만, 안정적인 주식을 하려는 분들에게는 추천해 드리지는 않는다. 그러나 그의 인간과 주식시장에 대한 통찰력은 가장 큰 배울점이다.

제시 리버모어의 생을 간략하게 살피고 가보자.

1877년 매사추세츠주에서 빈농의 아들로 태어난 제시 리버모어는 초등학교를 졸업하자마자 어머니가 마련해준 5달러를 들고 보스턴으로 가 페인 웨버 증권회사에서 14세 때부터 시세판 사환으로 일했다. 이 무렵 유사 증권회사인 버킷샵에서 3.12달러를 번 것을 계기로 주식 투기에 눈을 떠 15세 되던 해 1,000달러를 벌었다.

그 뒤 투기에 전념한 리버모어는 1906년 샌프란시스코 대지진 당시 25만 달러라는 큰 수익을 올렸다. 1907년 패닉 때는 공매도로 300만 달러를 벌었는데, 당대 최고의 은행가였던 J.P 모건까지 나서 그에게 공매도 자제를 요청했던 것으로 전해진다.

1929년 10월 말 주가 대폭락 때는 매도 공세를 펼쳐 1억 달러라는 천문학적인 수익을 올렸다. 리버모어는 철저히 시장의 추세에 따라 매수하거나 공매도하고, 과감하게 거래량을 늘려가는 트레이딩 기법으로 유명했다. 그는 결정적인 순간 대중들의 정서와 거스르는 포지션을 취했고, 피라미딩 전략으로 포지션을 쌓아가 수익은 크게 하고 손실은 작게 가져갔다. 그러나 그는 과도한 레버리지 투자와 사치스러운 생활로 인해 공식적으로 네 번 파산했다. 세 번은 오뚝이처럼 재기해 앞서 파산선고에 따라 더는 갚지 않아도 되었던 빚을 원금과 이자까지 전부 갚았다. 하지만 1934년 3월 7일 네 번째이자 마지막으로 파산한 뒤로는 다시 일어서지 못했는데, 이때 리버모어의 자산은 18만 4,900달러, 부채는 225만 9,212달러에 달했다.

제시 리버모어는 1939년 《주식투자의 기술》을 쓰기 시작해 이듬해

3월 출간했으나, 대공황의 여파로 당시 주식시장이 심각하게 침체되었고 2차 세계대전까지 발발해 판매는 그의 기대에 못 미쳤다. 세 번의 실패한 결혼 생활과 과도한 음주, 여기에 말년에는 우울증까지 겹쳐 결국 1940년 11월 28일 뉴욕의 한 호텔에서 권총 자살로 생을 마감했다. 그가 세 번째 부인에게 남긴 유서에는 '나는 실패자다. 진심으로 미안하다.'는 내용이 적혀 있었다.

제시 리버모어는 시장을 존중했다. 시장은 절대로 틀리지 않는다고 말하며 아무도 오늘 시장을 만들어 낼 수 없고 무너뜨릴 수도 없다고 강조했다. 시장의 큰 흐름은 하루아침에 바뀌지 않으며 시장과 싸워봐야 아무 소용이 없다고 말했다.

우리가 주식을 하면서 실수하는 부분이 종목을 매수하고 나면 바로 주식이 상승하기를 바라는 것이다. 그러나, 시장은 우리가 기대하는 대로 움직이지 않는다. 따라서, 시장에 바라는 마음을 지워버려야 한다고 말한다. 단지, 시장은 인내를 가진 자에게 수익의 기회를 준다. 그때를 기다렸다가 기회를 포착하면 과감히 투자해야 한다고 말한다. 주식으로 수익을 보기 위해서는 기회를 기다리는 인내와 기회를 포착할 수 있는 안목을 길러야 한다.

제시 리버모어는 시장 추세매매를 했는데 큰돈은 개별적인 주가 등락이 아니라 시장의 기본적인 주가 흐름을 알아야 벌 수 있다는 것을 알고 있었다.

강세장에서는 강세를 읽는 시각을 가져야 하고 약세장에서는 약세를 읽는 시각을 갖는 것이야말로 무엇보다 중요하다고 말한다. 그도 이러한 시각을 배우고 가지기까지는 오랜 시간이 걸렸다고 고백한다.

주식시장에서 성공하려면 무엇보다 용기와 인내가 필요하고 제시 리버모어 역시 성공도 했지만, 실패로 파산을 여러 번 겪을 만큼 주식시장은 호락호락한 곳이 아니다.

강세장이든 약세장이든 일단 시장이 그 방향으로 움직이기 시작한 다음에는 누구도 그 추세에 당황하면 안 된다고 강조한다. 열린 마음과 합리적이고 밝은 시야를 지닌 현명한 투기자에게는 추가세가 명확하게 보인다고 말한다. 주식시장은 파동을 그리면서 상승과 하락을 반복하는데 큰 흐름 속에서 시장의 방향을 제대로 읽기 위해서는 객관적인 사실들을 냉철하게 분석할 수 있어야 한다. 감정에 치우쳐 대중에 휩싸이는 순간 냉철함을 잊고 실수하게 된다.

제시 리버모어는 주가 움직임은 반복될 뿐이며, 개별 종목의 경우 다소 상이한 모습을 보일 수 있지만, 주식시장 전체의 주가 패턴은 시간이 흘러도 늘 똑같다고 말한다. 우리가 주식시장을 도박과 다르게 보는 이유 중 하나가 여기에 있다. 주식시장은 공부하고 노력하면 누구나 충분히 수익을 낼 수 있는 원칙이 있는 곳이지만 도박은 원칙이 없다. 그러나, 주식시장은 원금이 보장되지 않는 '하이리스크 하이리턴 시장'이라는 것을 잊어서는 안 된다. 반드시 충분한 공부와 연습이 되지 않으면 도박장과 다를 바 없는 곳이 될 수도 있다.

그는 주식시장에서 성공하기 위해서 시장 전반의 상황을 공부해야 한다고 말한다. 돈을 벌기 위해서는 노력해야 한다고 강조한다. 열심히 공부하고 노력해야 성공할 수 있는 곳이라고 말한다. 노력 없이 매매하는 사람들을 호구라고 말하며 그러한 투자자는 응당 그 대가를 치르게 된다고 말한다.

제시 리버모어는 주식시장에서 성공하기 위해서는 인내의 중요성을 강조한다. 그는 시장에 분기점이라는 지점이 있는데 이 분기점이 다다를 때까지 인내하고 기다렸다가 거래를 시작하면 항상 돈을 벌었다고 말한다. 우리가 주식매매를 할 때 매수하려고 생각하는 종목과 가격대가 있다. 여기에서 우리가 실수하는 이유는 인내하지 못하기 때문이다. 가격이 하락해서 매수 가격대까지 올 때까지 기다리면 안전한 매수가 되는데 기다리지 못하고 높은 가격에서 매수하게 되면 추가 하락 시에 어려움을 겪게 되는 것이다. 주식의 성공자가 되기 위해서는 인내가 무엇보다 중요함을 말하고 있다.

그는 상승장에는 반드시 끝이 있다는 점을 잊지 말라고 강조한다. 주식시장이 상승하게 되면 연일 좋은 뉴스로 끝없이 상승할 것 같은 분위기에 휩싸이게 된다. 그러나 산이 높으면 골도 깊다는 말이 있듯이 상승이 있으면 그에 맞는 하락장도 오게 된다는 것을 잊지 말아야 한다.

제시 리버모어는 희망과 두려움이 인간의 약점이라고 했다. 인간이기 때문에 희망을 품고, 한편으로는 두려움을 느낀다고 말한다. 상승장에서는 더 상승할 것이라는 희망을 품고, 하락장에서는 더 하락할 것이라는 두려움을 느낀다. 이 두 약점을 얼마나 잘 다스리냐에 따라서 주식시장에서 성공하느냐 실패하느냐가 갈리는 것이다. 주식시장에서 기회가 올 때까지 인내심을 갖고 기다리지 못하는 원인이 바로 희망과 두려움이라는 약점 때문이라고 말한다.

제시 리버모어는 자기 자신을 이해하는 것이 중요하다고 말한다. 주식투자에서 실패한 경우를 되돌아보며 어떤 점에서 실수했는지, 또는 어떤 점에서 잘했는지를 알아야 한다. 다음 투자에서 성공하기 위해서는 자신의 약점이 무엇인지를 제대로 이해하지 않으면 같은 실수를 반복하게 될 것이기 때문이다.

그는 자기 자신을 믿고 스스로 판단하는 것이 중요하다고 강조한다. 요즘 주식 유료회원 가입을 통해 전문가라고 하는 사람들이 추천해 주는 종목을 매수하는 경우가 많은데 비용도 비쌀 뿐만 아니라 이렇게 해서는 주식투자로 성공하기 힘들다. 자신 스스로 올바른 판단을 통해 매매할 때 비로소 흔들리지 않고 큰돈을 벌게 된다. 고기를 잡아주는 것이 아닌 고기 잡는 법을 배우는 것이 중요하다. 그도 현명하게 투자하는 방법을 배우는 데까지 5년이라는 세월이 필요했다고 고백한다. 단시간에 배우려고 하지 말고 시간 속에서 지식과 경험치가 어느 정도 쌓였을 때 큰돈을 벌 수 있는 실력이 되는 것이다. 조급함은 반드시 응당한 대가를 치르게 하며 자신 스스로가 아닌 남에게 의지하려는 투자는 언젠가 큰 수업료를 내게 된다는 것을 잊어서는 안 된다.

제시 리버모어는 큰돈을 벌 수 있었던 것은 머리 덕분이 아니라 엉덩이라고 강조한다. 상승장이나 하락장을 잘 판단하였다고 하더라도 그 시점에 종목을 매수한 후 인내하며 그 종목을 들고 있지 않으면 수익을 가져갈 수 없는 것이다. 많은 사람이 강세장이나 하락장을 잘 판단하지만 약간의 수익이 나면 바로 수익실현을 해 버리고 만다. 충분한 수익을 가져다주는 것은 인내하며 그 종목을 들고 가는 것이라고 말한다. 그러나, 이것을 배우는 것이 가장 힘들다고 강조한다.

그는 대중들이 큰돈을 벌지 못하는 이유에 대하여 간략히 설명한다. 저가일 때는 관심을 보이지 않다가 항상 시장에서 상승하여 고가에 올라가면 관심을 가지고 더 상승할 것이라는 환상에 사로잡혀 고가 매수를 하게 되는데 그러면 주가는 여지없이 고점을 찍고 하락하게 된다. 주식 붐이 불 때 큰돈은 항상 대중들이 먼저 벌지만, 평가이익으로 그치고 만다는 것이다. 수익실현을 하여 현금화할 때 비로소 내 돈이 되는 것인데 희망에 사로잡혀 평가이익만 바라보다가 결국 원위치로 돌아오는 것이다.

주식투자를 하면서 끊임없이 성공과 실수를 반복한다. 프로와 아마추어의 차이는 실수를 했을 때 다음에 같은 실수를 얼마나 줄이느냐에 달려있다고 본다. 프로는 같은 실수를 반복하지 않기 위해서 실수를 통해 배우지만 아마추어는 같은 실수를 반복하는 것에서 머문다는 차이가 있다. 그는 실수라는 귀중한 경험을 통해 성장했다고 고백한다.

제시 리버모어는 모든 투기자가 저지르는 결정적인 실수는 너무 단기간에 부자가 되겠다고 조바심을 내는 것이라고 말한다. 단기간에 성공하려고 하다 보면 가끔 성공하기는 하지만 지속하기는 힘든 것이다. 대박을 노리고 투자를 하다 보면 돌이킬 수 없는 실수를 저지르게 되고 결국에는 파국을 맞게 된다고 경고한다.

제시 리버모어는 투기자였다. 나는 제시 리버모어처럼 투자하는 것은 추천하지 않는다. 투기자가 아닌 투자자가 되어야 한다. 투기자는 엄청난 이익을 거두기도 하지만, 엄청난 손실을 보기도 한다. 주식투자를 즐기면서 안정적인 수익을 내기 위해서는 투기자가 되어서는 안 된다. 제시 리버모어의 투자 방식에는 동의하지 않지만, 그가 주식시장을 바라보는 지식과 지혜는 배울 점이 많다. 시장과 인간에 대한 통찰력은 주식시장에서 우리 자신을 돌아보게 한다. 주식투자를 하면서 그가 깨달은 인간과 시장에 대한 통찰을 통해 좀 더 현명한 투자자가 되는 데 밑거름이 될 수 있으리라 생각한다.

📈 제시 리버모어의 **주식투자 핵심**

1 자기 자신을 알아라.

2 돈을 벌어주는 것은 인내다.

3 시장을 이기려고 하지 말아라.

4 주식의 패턴은 반복된다.

5 단기간에 대박을 노리지 말아라.

투자의 귀재, 전설이 되다

워런 버핏

시간은 일류 기업에게는 동지이지만 이류 기업에게는 적이다.

-워런 버핏

주식투자를 하는 대부분의 사람들이 워런 버핏을 모르는 사람은 없을 것이다. 주식투자로 세계적인 부자가 된 그야말로 성공한 주식투자자 중 1순위이다.

내가 주식투자를 시작하게 된 것도 워런 버핏처럼 되고 싶은 생각에서 였다. 워런버핏이 주식투자로 부자가 될 수 있다는 것을 보여주었기 때문이고 그것도 그냥 부자가 아닌 세계 최고의 부자가 되는 모습을 보여주었기 때문이었다.

워런 버핏은 미국의 기업인이자 가치주 투자자이고 현 버크셔 해서웨이의 최대주주이자 회장, CEO이다.

투자 역사상 가장 위대한 투자가이다. 네브래스카 오마하 출신으로 별명은 오마하의 현인(Oracle of Omaha)으로 불린다. 미국 네브래스카주의 오마하시에서 평생을 살아 이런 별명이 붙었다. 버핏과 한 동네에 살았던 몇몇 이웃들은 버핏이 어렸을 때 돈을 투자한 적이 있었는데, 물론 대부분의 투자는 크게 성공했다.. 캐롤 에인절이라는 한 소아과 의사는 1957년에 버핏의 말만 믿고 1만 달러를 투자했는데 2008년에 4억 6,900만 달러로 늘어났다고 한다. 이웃 한번 잘 만나 대박 난 사례이다.

워런 버핏은 기업의 가치보다 낮은 가격에 투자하는 방식의 달인이다. 『포브스』지에 따르면 2008년 10월 기준 그의 재산은 약 580억 달러로 세계 1위를 차지하였으며 현재는 세계 부자 순위에서 단계가 많이 내려갔으나 여전히 세계 10대 부자 안에 속해 있다.

장기투자와 복리의 중요성 예시가 자주 거론되는데, 1965년부터 2014년까지 연평균 21.6%의 이익을 거뒀으며 이는 1,826,163%에 달한다. 그야말로 복리 종결자이다. 재산의 99% 이상이 50세 이후에 얻은 것이라고 한다. 연수익률 자체는 오히려 중년 이후 하락했으나 금액으로는 폭발적으로 늘어난 것이다. 물론 버핏의 투자관은 장기투자로만 설명되지는 않는다.

후회 없는 삶을 살아온 사람처럼 생각될 수 있지만, 그 나름대로 인생에 후회하는 점도 있다고 한다. 그중 하나는 주식을 11살 때부터 시작한 것이라고 한다. 다시 태어날 수 있다면 5살이나 7살 때부터 시작하고 싶다고 한다. 5살 때부터 주식을 해야 했다고 후회하는 점에서 볼 때 한정된 시간의 중요성을 누구보다도 정확히 알고 있는 것 같다.

― 〈나무위키〉 중에서

워런 버핏의 투자관을 살펴볼 수 있는 다음의 기사를 보자.

90세 생일 맞은 버핏 '머리 한 번 깎는 데 왜 3억을 쓰나…'
오늘(30일)은 '투자의 귀재' 또는 '오마하의 현인'으로 불리는 워런 버핏이 90세가 되는 날이다. 그의 현재 재산은 820억 달러로 세계 6위다. 특기할 만한 사실은 그는 65세 이후에 그의 재산 90%를 모았다는 점이다.
이는 잘 투자하는 것도 중요하지만 오랫동안 투자하는 것은 더욱 중요하다는 사실을 극명하게 보여준다.

그는 10세에 이미 복리의 개념을 이해하고, 좋은 주식을 골라 오랫동안 투자하는 것을 좌우명으로 삼았다.
10살 무렵에 그는 1,000달러를 버는 방법에 대한 책을 읽고 복리의 중요성을 직관적으로 깨달았다.

그는 금리를 연 10%로 했을 때, 오늘의 1,000달러는 5년 후 1,600달러, 10년 후 2,600달러, 25년 후에는 1만 800달러가 돼 있으며, 50년 후에는 11만 740달러가 돼 있을 것이라는 사실을 알았다.

그는 자기의 전기 작가에게 당시의 순간을 "눈덩이가 잔디밭을 가로질러 굴렀을 때 커지는 방식만큼 생생한 숫자를 머릿속에 그릴 수 있었다."고 말했다.

버핏은 지금으로부터 78년 전, 처음으로 '시티스 서비스'라는 회사의 주식 3주를 샀다. 투자자로서 인생이 시작되는 순간이었다.

이후 그는 저평가된 주식을 사들여 장기 보유하는 전략을 썼다. 초창기 매입한 대표적인 주식들이 바로 펌프 생산업체인 '뎀스터 밀'과 지도 제작회사인 '샌번 맵' 등이다.

현재 버핏의 투자회사인 버크셔 해서웨이가 가장 많이 보유하고 있는 주식은 애플이다. 원래 그는 기술주에 투자하지 않는다는 지론을 가지고 있었다. 자신이 기술주를 이해하지 못했기 때문이다.

그러나, 그의 참모인 찰스 멍거 등이 애플 주식 매입을 강력하게 권했다. 지금은 버핏이 더 열광적인 애플 팬이다.

현재 버크셔는 애플 주식을 1,230억 달러 보유하고 있다. 이는 버크셔 총 투자액의 24%에 달한다.

최근 애플은 시총이 2조 달러를 돌파하는 등 연일 신고가를 경신하고 있다. 버핏이 애플의 주식에 투자한 것은 4년 반 전이다. 당시 애플의 주가는 주당 113달러였다. 지금 애플의 주가는 499달러다. 4년 반

동안 4배 이상 상승한 것이다.

버핏은 '최근 애플의 주식을 앞으로도 계속 보유할 것'이라고 밝혔다. 버핏이 20대 때 오마하에 있는 그의 집을 위해 3만 1,500달러를 지불했을 때, 그는 이를 '버핏의 바보짓'이라고 불렀다. 3만 1,500달러를 복리로 계산하면 수십 년 후 100만 달러가 되기 때문이었다.

그의 친구와 가족은 버핏이 젊은 시절 "머리를 자르는 데 정말로 30만 달러(3억5,000만 원)를 쓰고 싶니?"라는 말을 자주 했다고 입을 모으고 있다. 불과 몇 달러지만 복리로 계산하면 수십 년 후 30만 달러가 돼 있을 것이기 때문이다.

버핏은 현명한 투자자이기도 하지만 시간과의 싸움에서 승리한 강태공이라고 월스트리트저널(WSJ)은 평가했다.

—「파이낸셜」 2020. 8. 30.

위의 뉴스 내용을 보면 워런 버핏의 투자철학이 함축되어 있다.

워런 버핏은 복리의 마법을 잘 알고 실천한 투자자이다. 주식투자의 매력은 복리의 마법인데 이를 잘 활용하는 투자자는 드물다. 매수 후 약간의 수익이 나면 팔고 다른 종목을 매수하게 된다. 이는 개인의 책임도 있지만 단기매매를 부추기는 여러 상황이 있다.

또한 박스피로 불릴 정도로 우리나라 주식시장은 계속 박스권 장세를 벗어나지 못하고 있는 상황들이 단기매매를 부추기는 요인 중 하나이다.

미국 같은 경우는 우량한 종목들이 계속해서 우상향을 그리는 모습을 자주 볼 수 있는데 그에 비해서 우리나라 종목들을 보면 상승과 하락의 급등락이 심하고 계속해서 박스권을 그리는 경우가 많다. 물론 우상향을 그리며 상승하는 종목들이 있지만, 전체적인 종합주가지수를 볼 때 박스권에 오랫동안 머물러 있는 종목들이 많다 보니 장기투자를 하는 투자자들에게 한국의 주식은 매력이 떨어지는 부분이 있다. 이번에 3,000을 넘어서 오랜만에 박스권을 벗어나는 모습을 보여주기는 했지만, 다시금 조정 장세를 보여주고 있다.

우리는 이런 상황을 적극적으로 활용하여 박스권의 하단에서 주식을 매수하고 상단에서 매도하는 전략을 구사할 필요가 있다. 언젠가는 박스권을 벗어나 크게 상승할 장은 반드시 올 것이다.

워런 버핏에 관한 책은 많이 출간되었지만, 주식 입문자들에게 이해하기 쉽게 쓴 책을 추천한다면 《워런 버핏처럼 주식투자 시작하는 법》이다. 주식투자로 성공하기 위한 습관뿐만 아니라, 워런 버핏의 전 며느리로 그의 투자법을 꿰뚫고 있다고 평가받는 메리 버핏의 투자법까지 배울 수 있는 일석이조의 필독서이다.

레버리지는 정말 필요 없는 것이다. 여러분이 현명하다면, 돈을 빌리지 않고도 큰돈을 벌 수 있다.   ― 워런 버핏

워런 버핏은 종종 자신의 두 가지 투자 규칙을 인용하곤 한다.

첫 번째 규칙은 절대로 돈을 잃지 말라는 것이고,
두 번째 규칙은 첫 번째 규칙을 절대 잊지 말라는 것이다.

부자가 되려고 노력하지만 실패하는 사람들은 대개 두 범주로 나뉜다. 첫 번째는 빨리 돈을 벌려는 욕심에 큰 리스크를 떠안는 사람들이다. 이들은 살펴보기 전에 뛰어드는 사람들로, 결국엔 절벽 아래로 추락하고 만다.

두 번째는 공포에 마비되어 어떤 리스크도 감히 지지 않으려는 사람들이다. 이들은 돈을 은행 혹은 침대 매트리스 밑에 넣어둔 채 인플레이션이 자신의 부를 서서히 갉아먹게 내버려 둔다는 것이다.

워런 버핏은 건강 관리도 중요하게 생각한다. 세계의 지도자나 부자들은 누구보다 건강 관리를 열심히 하는 것을 알 수 있다. 건강한 육체에 건강한 정신이 깃든다는 말이 있듯이 워런 버핏도 건강 관리를 중시한다. 현재 아흔 살이 넘은 나이에도 활동할 수 있

는 것은 바로 이러한 건강 관리 습관의 영향이다.

성공한 투자자들이 건강 관리 습관이 있다는 것을 염두해 두고 건강 관리에 특히 유념하자.

훌륭한 투자자가 되는 데 미적분이나 대수학이 필요하다면, 나는 다시 신문 배달 아르바이트를 해야 할 것이다. ― 워런 버핏

나는 이 업계에 20년 동안 있으면서 통상적인 사용 비율인 뇌의 3%를 사용하는 정상적인 사람이라면 누구나, 평균적인 월스트리트 전문가들보다 더 잘 고른다고는 할 수 없다 해도, 그들만큼은 주식을 잘고를 수 있다는 것을 확신하게 되었다. ― 피터 린치

그는 투자를 잘하기 위해서 천재가 될 필요는 없다고 말한다. 사실 많은 똑똑한 사람들은 자신의 지능에 너무 많이 의존하기 때문에 매우 나쁜 투자자가 되기도 한다. 아이러니하게도 투자의 방법은 단순하게 하는 것이라고 말한다.

인간에게는 쉬운 일들을 어렵게 만드는 것을 좋아하는 어떤 괴팍한 특징이 있는 듯하다. ― 워런 버핏

여기에서 말하는 성공한 투자자들의 사고방식을 구성하는 핵

심적인 특징은 다음의 네 가지이다.

　첫 번째 '인내'이다.

　빨리 부자가 되려는 조급함과 욕심 때문에 투자에 실패하는 것이다. 또 높은 수익을 약속하는 사기에 현혹되는 것이다. 인내의 필요성을 알고 이를 인식하는 것이 중요하다.

　재능이나 노력이 얼마나 대단하든 간에, 뭔가를 이루려면 시간이 필요하다. 지금 아홉 명의 여인이 임신하다 해도 한 달 만에 아기를 볼 수는 없다. — 워런 버핏

　투자가 재미있다면, 여러분이 재미를 느끼고 있다면, 아마도 돈을 벌고 있지 못할 것이다. 좋은 투자는 지루한 것이다.

　— 세계적인 투자자 조지 소르스

　두 번째 '독립적인 사고'이다.

　이는 역발상 사고와도 맥을 같이한다. 어디서 전해 들은 말만 가지고 투자를 해서 부자가 된 사람은 지금까지 본 적이 없다. 모든 성공한 투자자들은 독립적인 사고를 하며, 어떤 주식에 투자할지 말지에 대해 자신이 책임지고 최종적인 결정을 한다.

세 번째 '집중'이다.

성공한 투자자의 또 다른 중요한 특징은 초점을 일관되게 유지하는 한편, 모든 새로운 아이디어에 섣불리 뛰어들지 않는 것이다.

네 번째 '꾸준한 성실함'이다.

단기적인 시각으로 주식투자를 바라볼 것이 아니라, 장기적 관점에서 이에 맞는 투자철학과 투자기법을 구축하여 시간을 갖고 꾸준히 자산을 불려가려는 태도와 자세가 현명한 투자자의 덕목이다.

― 머리 버핏, 션 세아

개인투자자는 투기꾼이 아니라 투자자로 꾸준히 행동해야 한다.

― 벤저민 그레이엄

우리가 하는 일은 돌아가는 세상의 모든 일에 정통하는 것이 아니라 꼭 해야 할 몇 가지 현명한 일을 찾는 것이다. ― 찰리 멍거

🖱️ 워런 버핏의 **주식투자 원칙 2가지**

1 원금을 잃지 않는다.

2 첫 번째 원칙을 잊지 않는다.

주식의 신으로 추앙받다

앙드레 코스톨라니

국제적인 우량주에 해당하는 주식을 몇 종목 산 다음, 약국에 가서 수면제를 사 먹고 몇 년 동안 푹 자라. ─ 앙드레 코스톨라니

1906년 헝가리에서 태어난 앙드레 코스톨라니는 투자의 대부라 불린다. 10대에 주식을 시작하여 일평생 주식을 했고, 수많은 저서도 남겼다. 그 저서들 중에는 주식투자들이 필독서로 꼽는 도서들이 많다.

앙드레 코스톨라니는 증권시장을 정글이라고 불렀고 그가 이 정글에서 살아남는 법을 배우기 위해 지불한 수업료는 하버드대 등록금의 몇 배였고 그 가치 또한 몇 배였다고 한다.

현장에서 출발해 이론을 만들었고 자신의 돈을 가지고 경험을

축적했다. 한마디로 살아있는 주식시장의 산증인이고 그가 책으로 남긴 내용은 일평생 주식투자를 하면서 경험한 지식의 창고인 것이다.

앙드레 코스톨라니는 투자자로서 인생을 살아오면서 뉴스에서 발표하는 것과는 반대로 행동함으로써 자주 돈을 벌었다.

그는 증권시장에서 심리학의 역할은 아무리 강조해도 지나침이 없다고 주장했으며 90%가 심리학으로 이루어진 곳이 증권시장이라고 했다.

그는 먼저 돈의 매력에 대하여 강조하는데, 다양한 사람들의 사례를 들면서 돈으로 인해 갖게 되는 행동과 생각들을 설명한다. 돈은 인간을 타락시킬 수 있으며 인간의 추한 성질들을 밝은 곳으로 끌어낼 수도 있다고 말한다.

그는 어릴 적 파리로 유학을 하러 가서 돈의 필요성을 깨닫고 돈을 많이 벌기로 결심하여 주식시장에 발을 내딛는다. 주식 객장에서 한 신사가 전한 격언을 일평생 간직하며 살았다고 한다.

그 조언은 바로 '주식시장에 주식보다 바보들(증권시장 참여자들)이 많은가, 아니면 바보들보다 주식이 많은가'이다.

앙드레 코스톨라니의 증권시장에 대한 철학은 위의 조언을 바탕으로 세워졌다고 고백한다.

즉, '공급과 수요'의 법칙이다.

앙드레 코스톨라니는 증권시장에서 증권 시세가 떨어졌을 때 투자하는 이른바 약세장 투자를 시작했고 이를 통해 성공을 거두었다. 여기에서 중요한 부분은 대부분의 사람이 주가가 올라갔을 때 시장에 개입했지만 그는 주가가 하락했을 때 시장에 개입했다는 것이다.

그는 바람직한 투자자라면 언제나 자유로워야 하며 대중 심리적 분위기에 감염되어서는 안 된다고 강조한다. 언론에서 상승을 부추기는 뉴스와 하락 시에 공포를 조장하는 뉴스는 투자하는 데 전혀 도움이 되지 않는다. 언제나 냉정하게 현재 상황을 직시하고 매수할 때인지 매도할 때인지를 판단해야 한다. 단지 대중의 분위기에 휩싸여 매수해야 할 시점에 매도하고 매도해야 할 시점에 매수하는 우를 범하지 않도록 노력해야 한다.

그는 투자한 종목의 시세가 불리하게 전개될 때에, 절대 동요하지 않으며 그 주식에 대한 어떠한 정보도 들으려 하지 않았다.

그는 외교, 조세 및 금융정책, 세계에서 일어나는 무역 관련 뉴스와 현상들을 자세하게 관찰하며 주식에 관련된 정보는 멀리했다. 그는 경험상 증권시장의 반등이 일시적으로 자주 예측할 수 없으며, 대부분 일정한 시간이 지나서야 그가 기대했던 결과가 나온 것을 알고 있었다. 증권시장의 추세가 불리하게 전개될 때에는 일부러 자기 최면을 걸고 확신을 하고 기다렸다. 그는 시세가 비관

적일 때가 없었다는 의미가 아니라 단지 그 해악에 대해 일찍 터득했을 뿐이라고 말한다.

앙드레 코스톨라니는 투자자가 절대로 빚으로 투기해서는 안 된다고 강조한다. 왜냐하면 빚을 지지 않은 사람만이 자기 생각에 온전히 따를 수 있기 때문이다.

그는 단기적 그리고 중기적으로 심리학이 증권시장의 90%를 결정한다고 강조한다. 그러나 장기적으로는 근본적 이유가 보다 큰 역할을 한다고 보았다.

심리학 외에 증권시장의 단기적 추세를 결정하는 요소로 시장의 기술적 기초가 있다고 보았다. 이는 주식이 충분한 자본과 배짱을 가진 투자자의 손에 있는가, 아니면 겁쟁이 투자자의 손에 있는가를 말한다.

우리가 주식투자를 하면서 위의 내용은 상당히 중요하다. 지금 주식시장에서 투자자의 자금이 기관, 외국인의 비중이 많아지고 있는지, 아니면 개인의 비중이 커지고 있는지를 보면 미래를 예측해 볼 수 있다. 기관이나 외국인의 매도세가 커지고 있다는 것은 개인의 비중이 높아진다는 것이고, 반대로 기관이나 외국인의 매수세가 커지고 있다는 것은 개인의 비중이 줄어들고 있다고 볼 수 있다. 기관과 외국인, 개인 중에서 누가 배짱을 가진 자고, 누가 겁쟁이인가를 설명하지 않아도 알 것이다. 기관과 외국인은 개인의 돈이 남이 위탁받은 돈 들이기 때문에 배짱을 가지게 된다. 매매를 하다가 손실이 나더라도 내 돈이 아니기 때문에 좀 더 냉정한 매매를 할 수 있다. 흔히들 주식을 잘하는 분들에게 주식 잘하는 방법을 물어보면 기계적으로 매매하라고 하는데, 감정의 동물이다 보니 객관성을 유지하기가 쉽지 않다.

모르는 게 약이다. — 앙드레 코스톨라니

앙드레 코스톨라니는 심리학 외에, 증권시장의 중기적 추세에 대한 결정적 요소는 금리라고 말한다.

금리는 주식투자에 중기적으로 영향을 미친다는 것이다.

그는 증권시장의 시세를 결정짓는 두 가지 기본요소가 있다고 말한다.

1. 통화량과 신주발행
2. 심리적 요소(낙관주의 또는 부광주의 등), 즉 미래에 대한 예측이다.

그는 증권시장의 시세를 결정하는 기본원칙을 말한다.

$$시세 = 돈 + 심리$$

'돈'이라는 요소는 장기적 금리에 영향을 받지만, 이와는 달리 '심리'라는 요소는 자세히 들여다보면 여러 부차적인 요소들의 산물이다.

앙드레 코스톨라니가 가장 흥미를 느끼는 주식은 적자 상태에 있는 회사의 주식이다. 적자 상태일 때 주식을 샀는데 그 회사가 회복세에 들어서게 되면 시세는 급격히 상승하게 된다.

그는 사람들이 수학적 공식을 가지고는 증권시장에서 절대 이득을 볼 수 없다고 말한다.

그는 증권시장의 수학이 거의 형이상학에 가깝다고 한다.

주가가 이동하는 것은 오로지 수요와 공급 변화 때문이며 사는 사람과 파는 사람은 다양한 이유가 있다고 한다.

주식시장에서는 예측하기 힘든 상황들이 빈번하게 일어나기도 한다. 상승할 것으로 모두 예상하는데 주가가 급락하는 경우가 있고, 급락할 것으로 예상하는데 정반대로 급등하는 경우가 있는 것이다. 이것은 어떤 수학적 통계로 설명이 안 되는 것이다.

그는 다음과 같은 예를 들며 주가의 상황을 설명한다.

"한 남자가 개와 함께 길을 따라가고 있는 그림을 상상해 보십시오, 그 남자는 일정하게 앞으로 걷고 있습니다. 그것이 바로 경제이지요. 개는 앞으로 달려가며 이리저리 뛰어다니다가 그의 주인에게 돌아옵니다. 다시금 앞서 달려 나갔다가 또다시 돌아옵니다. 개가 걸어 다닌 길이 증권의 움직임을 나타낸 것입니다. 주인과 개, 둘 다 앞으로 나아갑니다. 마침내 그들은 산책의 목적지에 함께 도달합니다. 주인은 1km를 걸었습니다. 그러나 개는 동일한 산책길을 왔다 갔다 하면서 3km 또는 4km를 걸었습니다. 증권시장의 움직임도 이와 아주 동일합니다. 그들은 앞서거니 뒤서거니 하며 경제적 확장에 동행합니다."

한 주식의 정확한 가치와 시세가 절대로 일치하지 않는다는 것은 명백한 사실이며 주식의 시세는 언제나 그 가치보다 높거나 또는 낮다고 말한다. 어떤 주식에 대한 추정과 평가는 투자자들에 달려있고 사람마다, 그리고 동일한 사람일지라도 한 기업의 전망과 미래에 대한 의견은 날마다 변하기 때문에 주식의 가치라는 것을 정확히 측정하기 힘들다는 것이다.

앙드레 코스톨라니는 증권시장의 순환은 세 종류의 발전단계로 이루어져 있다고 한다.

1. 조정국면
2. 적응국면 또는 행동국면
3. 과장국면

투자자는 어떻게 행동해야 할 것인가? 하강 운동의 세 번째 단계인 과장국면에서 주가가 계속 내려가는 상태에서 매입한다. 그리고 주가가 더 내려간다 하더라도 놀라서 허둥거리면 안 된다. 투자자가 하강 운동의 세 번째 단계인 과장국면에서 추세와 반대로 간다는 것은 매우 어려운 일이라고 말한다. 모든 동료, 대중매체, 그리고 전문가들이 매도를 권장하는 상황에서 반대로 행하는 것은 일반적 추세에 역행하여 주식을 매입하고자 하는 것이고 이러한 주식투자가 성공적인 수익을 주지만 행동으로 실천하기는 쉽지 않다고 말한다.

이러한 이유로 증권시장에서 단지 소수만이 성공적으로 투자를 하게 되며, 대다수는 손실을 보는 쪽에 속하게 되는 것이다.

앙드레 코스톨라니는 오랜 경험을 통해서만이 흔히들 손가락 끝 감각이라고 부르는 것을 얻을 수 있다고 말한다. 숱한 경험과 산전수전 다 겪은 투자자도 잘못 예측할 수 있다. 자신의 생애에서 적어도 두 번의 파산을 경험하지 않은 사람에게는 '투자자'라는 표현이 어울리지 않는다고 말한다.

그는 투자에도 법칙이 존재한다는 것을 잊어서는 안되며 호황이 앞서지 않은 주가 폭락이 없고, 주가 폭락으로 끝나지 않는 호황은 없다는 것이다.

그는 단기 투자자를 주식시장의 사기꾼이라고 불렀다. 투자자라고 부르는 것에 대하여 부정적이었고 80여 년간을 증권계에 몸담아 오면서 장기적으로 성공한 단기 투자자를 본 적이 없다고 했다. 단기 투자자는 은행과 브로커들의 농간으로 단기투자들이 양성된다고 보았다. 사고파는 수수료를 먹고 사는 입장에서는 단기간에 사고파는 행위가 많을수록 수수료가 커지기 때문이다. 반면에 장기투자자는 주식시장의 마라토너라고 불렀다.

단기 투자자는 장기적으로 항상 잃는 경우가 많지만, 장기투자자는 언제 투자를 시작했든 장기적으로 이익을 보는 경우가 대부분인데 그 이유는 주식은 하락하고 나면 항상 새로운 상승 기록을 세우기 때문이라고 말한다.

그는 장기투자자는 적은 액수의 돈으로 짧은 시간 내에 백만장자가 될 수는 없지만, 장기적으로 가능하다고 했다. 세계적으로 유명한 워런 버핏은 장기투자로 미국에서 두 번째로 가는 부자가 된 사람이라고 예를 들었다. 그런데도 단기 투자자들은 끊임없이 주식을 사고팔아야 돈을 벌 수 있다고 생각한다고 지적했다.

그는 정직하게 말하라면, 난 여러분에게 장기투자를 권하고 싶고 장기투자는 모든 주식 거래 중 최고의 결과를 낳는 방법이라고 했다. 단기 투자자가 성공할 확률은 극히 낮다고 강조했다.

앙드레 코스톨라니의 '10가지 권고사항'과 '10가지 금기사항'은 다음 페이지에 정리해 두었다.

앙드레 코스톨라니의 10가지 권고사항

1 매입 시기라고 생각되면 어느 업종의 주식을 매입할 것인지를 결정하라.

2 압박감에 시달리지 않도록 충분한 돈을 가지고 행동하라.

3 모든 일이 생각과 다르게 진행될 수 있다는 것을 명심하라. 그리고 반드시 인내하라.

4 확신이 있으면, 강하고 고집스럽게 밀어붙여라.

5 유연하게 행동하고, 자기 생각이 잘못될 수 있음을 인정하라.

6 완전히 새로운 상황이 전개되면 즉시 팔아라.

7 때때로 자신이 보유한 종목의 리스트를 보고 지금이라도 역시 샀을 것인지 검토하라.

8 대단한 가능성을 예견할 수 있을 때만 사라.

9 계속해서 예측할 수 없는 위험 역시 항상 염두에 두라.

10 자신의 주장이 옳더라도 겸손하라.

🖱 앙드레 코스톨라니의 10가지 금기사항

1 추천 종목을 따르지 말며, 비밀스러운 소문에 귀 기울이지 마라.

2 파는 사람이 왜 파는지, 혹은 사는 사람이 왜 사는지를 스스로 알고 있다고 생각하지 마라. 또한 다른 사람들이 자기보다 더 많이 알고 있다고 생각해서 그들의 말에 귀 기울이지 마라.

3 손실을 다시 회복하려고 하지 마라.

4 지난 시세에 연연하지 마라.

5 주식을 사놓은 뒤 언젠가 주가가 오를 것이라는 희망 속에 그 주식을 잊고 지내지 마라.

6 시세 변화에 민감하게 반응하지 마라.

7 어디서 수익 혹은 손실이 있었는지 계속해서 계산하지마라.

8 단기 이익을 얻기 위해서 팔지 마라.

9 정치적 성향, 즉 지지나 반대에 의해 심리적 영향을 받지 마라.

10 이익을 보았다고 해서 교만해지지 마라.

위대한 기업에 투자하라

필립 피셔

주식투자 규모가 크건 작건 이런 철학에 집착하지 않는 모든 투자자에게 이 책을 바치고자 한다. 나는 이미 굳게 결심했으니 더는 어떤 사실을 제시하며 나를 혼란스럽게 만들지 말아 주시오. ― 필립 피셔

주식을 하면서 힘든 순간이 올 때가 많다.

이때 필립 피셔의 《위대한 기업에 투자하라》는 나에게 많은 도움을 주었다. 힘들 때마다 꺼내서 몇 번이고 읽다 보면 도움이 되었다.

1907년 미국 샌프란시스코에서 태어난 필립 피셔는 스탠포드 대학교 비즈니스 스쿨을 1년 다닌 후 1928년 5월 크로커-앵글로

내셔널 뱅크 오브 샌프란시스코에 들어가 20개월 만에 이 은행의 주력부서 가운데 하나인 통계 부서의 책임자가 되었다. 오늘날의 명칭으로 말하자면 증권분석가로 일한 것이다. 1929년 대공황을 겪으면서 깨달은 바를 실천하고자 1931년 3월 1일 피셔 앤드 컴퍼니를 출점시켰다. 다수의 일반 투자자를 상대로 사업을 했지만 가장 핵심적인 투자 대상은 소수의 성장 기업에 집중했다. 사업이 번창하던 중 2차 세계대전이 일어나 3년 반 동안 육군에서 복무하며 10년 동안 실제로 투자했거나 보아왔던 성공적인 투자와 성공하지 못한 투자에 대해 연구를 했다. 연구를 통해 투자 원칙을 발견할 수 있었다.

필립 피셔는 다른 사람들이 투자한 기록들을 연구하다 보니 두 가지 문제를 발견하게 되었다.

하나는 주식투자를 통해 큰 이익을 얻기 위해서는 인내가 필요하다는 점이다.

다른 하나는 주식시장이란 원래 사람을 현혹하는 속성이 있다는 점이다. 어느 순간 다른 모든 사람이 하는 것을 따라 하고, 그래서 자신의 행동에 아무런 잘못도 없다고 느낄 때가 바로 가장 위험한 경우일 수 있다고 말한다.

이런 투자의 원칙들을 알려주고자 책을 썼다.

소액 투자자들이 겪고 있는 어려움에 대하여 생각하며 성공 주식투자의 길을 안내해준다.

주식에 투자하기 위해서는 사실 수집의 중요성에 대하여 말한다. 요즘 같은 정보홍수 시대에 사실과 허위정보의 분별은 중요하다. 개인투자자들을 현혹하는 온갖 허위 정보들이 난무하기 때문에 명확한 사실에 근거한 정보를 수집하는 것이 중요하다.

필립 피셔는 수집의 중요성에 대하여 강조하고 있다.

수집을 했으면 투자 대상 기업을 찾아야 하는데, 그 기준을 15가지의 기준으로 보고 그 기준에 따라 종목을 매수하고 매도하라고 조언하고 있다.

1. 적어도 향후 몇 년간 매출액이 상당히 늘어날 수 있는 충분한 시장 잠재력을 가진 제품이나 서비스를 하고 있는가?
2. 최고 경영진은 현재의 매력적인 성장 잠재력을 가진 제품 생산라인이 더는 확대되기 어려워졌을 때도 회사의 전체 매출액을 추가로 늘릴 수 있는 신제품이나 신기술을 개발하고자 하는 결의를 갖고 있는가?
3. 기업의 연구개발 노력은 회사 규모를 고려할 때 얼마나 생산적인가?
4. 평균 수준 이상의 영업 조직을 가지고 있는가?
5. 영업이익률은 충분히 거두고 있는가?
6. 영업이익률 개선을 위해 무엇을 하고 있는가?

7. 돋보이는 노사 관계가 있는가?

8. 임원 간에 훌륭한 관계가 유지되고 있는가?

9. 두터운 기업 경영진을 갖고 있는가?

10. 원가 분석과 회계 관리 능력은 얼마나 우수한가?

11. 해당 업종에서 아주 특별한 의미를 지니는 별도의 사업 부분을 갖고 있으며, 이는 경쟁업체에 비해 얼마나 뛰어난 기업인가를 알려주는 중요한 단서를 제공하는가?

12. 이익을 바라보는 시각이 단기적인가 아니면 장기적인가?

13. 성장에 필요한 자금 조달을 위해 가까운 장래에 증자할 계획이 있으며, 이로 인해 현재의 주주가 누리는 이익이 상당 부분 희석될 가능성은 없는가?

14. 경영진은 모든 것이 순조로울 때는 투자자들과 자유롭게 대화하지만, 문제가 발생하거나 실망스러운 일이 벌어졌을 때는 입을 꾹 다물어 버리지않는가?

15. 의문의 여지가 없을 정도로 진실한 최고 경영진을 갖고 있는가?

— 《위대한 기업에 투자하라》 중에서

그는 저평가 종목보다 성장주를 더 선호했는데 이유는 최대의 투자 이익을 거두는 것에 초점을 두었기 때문이다.

필립 피셔가 관찰한 바로는 저평가된 주식이 정당한 대접을 받기까지 상당한 시간이 걸리는 반면 성장주는 10년마다 몇백 퍼센트씩 주가가 올라서 훨씬 큰 수익을 안겨주었다.

그는 어떤 주식을 사든 주식투자의 가장 큰 목적은 장기적으로 최대의 수익을 올리는 것이라고 강조한다.

그가 좋아한 종목은 배당률이 낮은 성장주가 주가 상승률 측면에서 월등히 뛰어나다고 했는데 이런 주식은 나중에 배당금도 계속해서 늘어나서 나중에는 주가 상승뿐만 아니라 배당 수입 측면에서도 훨씬 나은 결과를 보여준다고 했다.

필립 피셔는 투자자가 저지르지 말아야 할 잘못들에 대하여 충고한다.

1. 선전하는 기업의 주식을 매수하지 말라.
2. 훌륭한 주식인데 단지 '장외주식'에서 거래된다고 해서 무시해서는 안 된다.
3. 사업보고서의 '표현'이 마음에 든다고 해서 주식을 매수하지 말라.
4. 순이익에 비해 주가가 높아 보인다고 해서 반드시 앞으로의 추가적인 순이익 성장이 이미 주가에 반영됐다고 속단하지 말라.
5. 너무 적은 호가 차이에 연연하지 말라.

6. 너무 과도하게 분산투자하지 말라.

7. 전쟁 우려로 인해 매수하기를 두려워해서는 안 된다.

8. 관련 없는 통계 수치들은 무시하라.

9. 진정한 성장주를 매수할 때는 주가뿐만 아니라 시점도 정확

   해야 한다.

10. 군중을 따라가지 말라.

　　　　　　　　　　　—《위대한 기업에 투자하라》중에서

필립 피셔는 시대에 상응하는 주식을 보유하는 게 좋다고 말한다. 그가 책을 쓰던 시대와 지금은 많이 바뀌고 있고 시총 상위 종목도 계속해서 바뀌고 있다. 지금 시대에 맞는 종목이 무엇인지를 찾아야 한다.

그는 종목이 바뀌어도 성공적인 주식투자의 기본적인 원칙이 변하는 것은 아니다. 오히려 기본적인 원칙의 중요성은 더욱 커진다고 말한다.

어떤 종류의 주식을 매수하고, 언제 매수해야 하며, 또 가장 중요한 사항으로 주식의 본질이라고 할 수 있는 기업이 성공적인 사업체로서의 성격을 유지하는 한 절대 매도해서는 안 된다는 점을 강조한다.

필립 피셔는 책에서 강조한 원칙을 알고 자주 저지르는 실수를 이해한다 해도 인내심이 없거나 자기 단련을 하지 않은 사람에게는 아무런 도움이 되지 않는다고 충고한다.

주식시장에서는 머리가 좋은 것보다 신경이 좋은 게 훨씬 더 중요하다고 말한다.

《위대한 기업에 투자하라》는 필립 피셔의 주식에 대한 핵심을 담고 있는 고전이다.

주식을 하면서 좋은 기업을 매수하게 되면 시간 속에서 항상 좋은 결과를 얻을 수 있다.

🖱 필립 피셔가 말하는 **주식의 핵심 정리**

1 사실 수집하기

2 기업선정 15가지 포인트

3 투자자가 저지르는 실수 10가지

4 시대에 맞는 종목을 선정하라.

시총 상위
차트 정리
(월봉, 주봉, 일봉)

거래소 상위 15종목 차트

코스닥 상위 15종목 차트

다음은 거래소와 코스닥에 상장된 종목 중에서 거래소별 상위 15개의 종목의 차트를 월봉(10년), 주봉(3년), 일봉(1년) 순으로 정리해 보았다. 주식을 하는 사람 중에서 초보자들은 차트에 익숙하지 않기 때문에 주가의 흐름을 읽기 위해서는 평소 차트 보는 습관을 지녀야 한다. 주식을 오래 하신 분 중에도 일부 차트만 돌려보는 경우가 있는데 월봉, 주봉, 일봉을 전체적으로 같이 보는 습관을 들이는 것이 중요하다. 다음에 정리해 놓은 차트를 하루에도 몇 번씩 보면서 눈에 익을 때까지 계속해서 보기 바란다. 차트를 출력해서 벽이나 자주 보는 공간에 붙여놓고 눈에 익히는 습관을 지니기 바란다. 종목마다 일정한 패턴을 그리면서 상승과 횡보 하락을 반복하는 경우가 많다. 차트 보는 습관을 들이다 보면 어느 순간 종목의 차트만 봐도 좋은 종목인지 아닌지 깨닫게 될 것이다. 주가를 움직이는 세력들이 무작위로 주가를 상승, 하락시키지 않는다. 일정한 기간과 가격 조정의 형태를 가지기 때문에 좋은 종목을 좋은 가격에서 매수하기 위해서는 평소 관심 종목의 차트를 보면서 매수 타이밍과 앞으로 주가의 흐름 예측, 매도의 시점을 파악하는 눈을 기르는 것이 중요하다.

차트공부 5가지 TIP

1 거래량이 많은가, 적은가?

2 이동평균선이 정배열인가, 역배열인가? 우상향인가, 우하향인가?

3 현재 주가가 이동평균선 위에 있는가, 아래에 있는가?

4 가격조정인가, 기간조정인가?

5 신고가인가, 신저가인가?

1 삼성전자

• 월

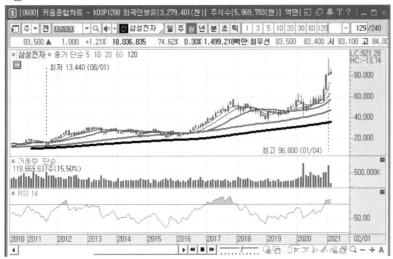

• 주

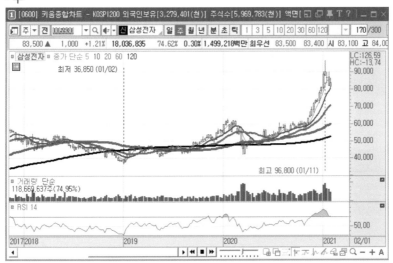

• 일

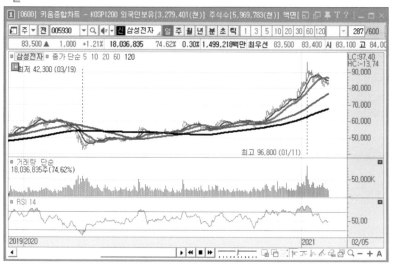

2 SK하이닉스

• 월

• 주

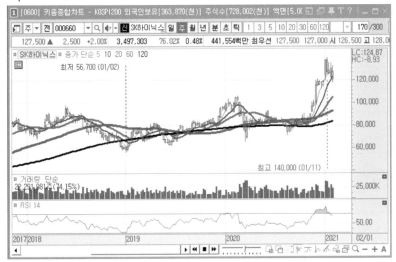

• 일

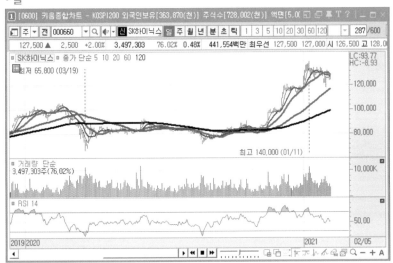

3 LG화학

• 월

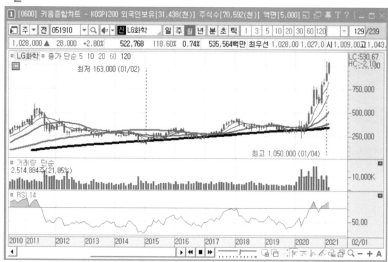

• 주

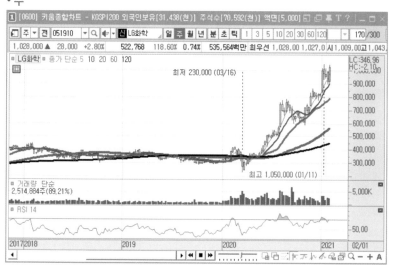

• 일

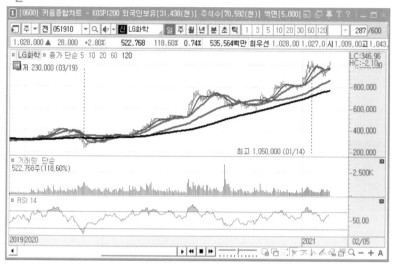

4 네이버

• 월

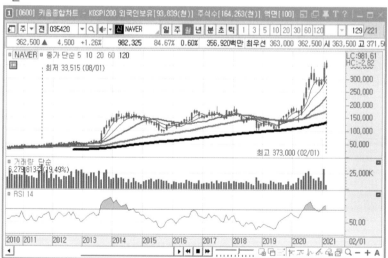

• 주

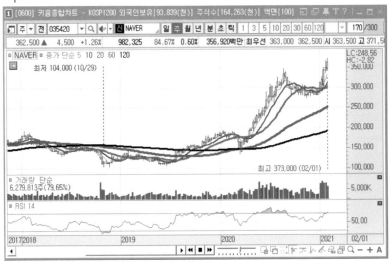

• 일

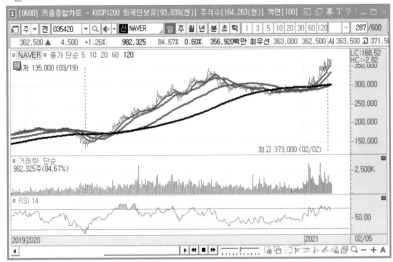

5 삼성바이오로직스

• 월

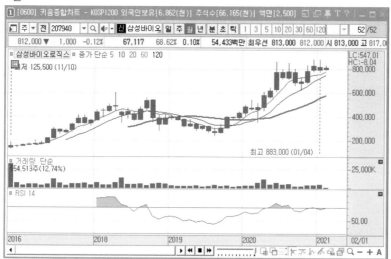

• 주

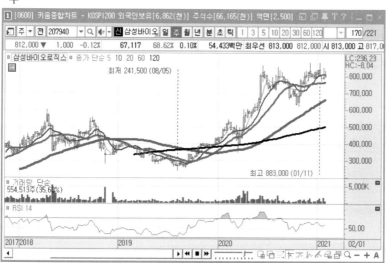

• 일

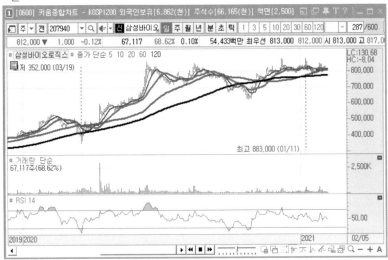

6 삼성SDI ─────────────────────────

• 월

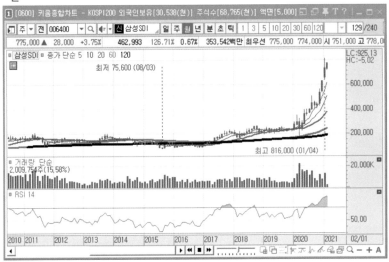

• 주

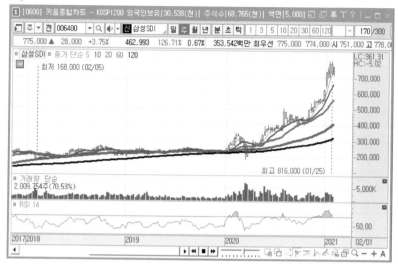

• 일

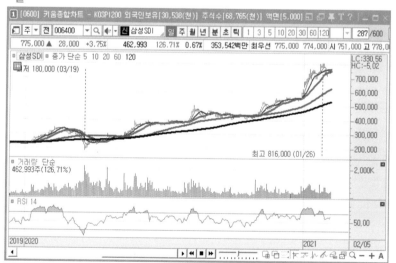

7 현대차

• 월

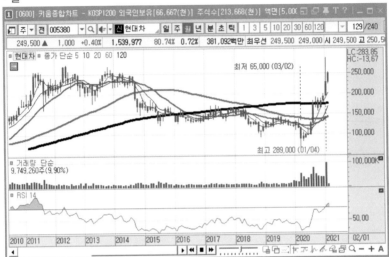

• 주

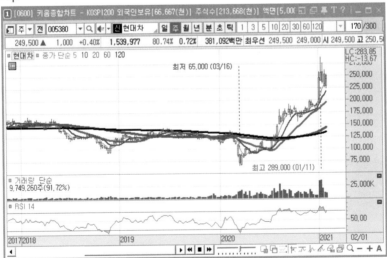

• 일

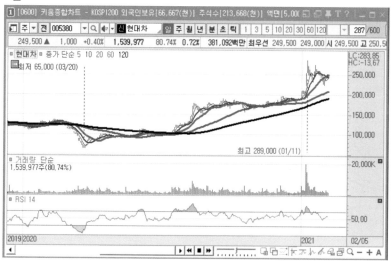

8 셀트리온

• 월

• 주

• 일

9 카카오

• 월

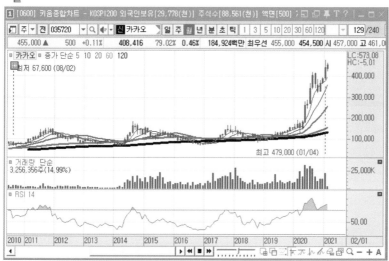

• 주

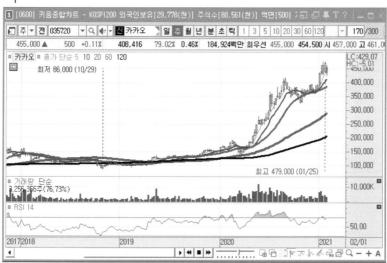

• 일

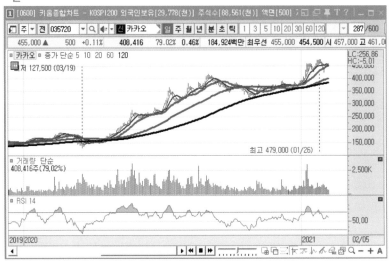

10 기아차

• 월

• 주

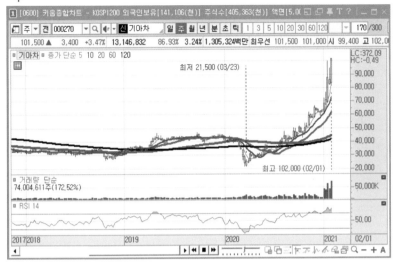

• 일

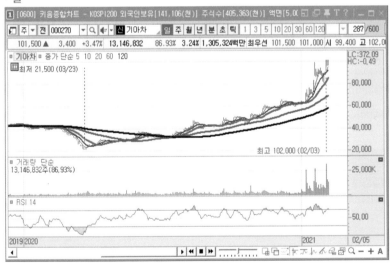

11 현대모비스

• 월

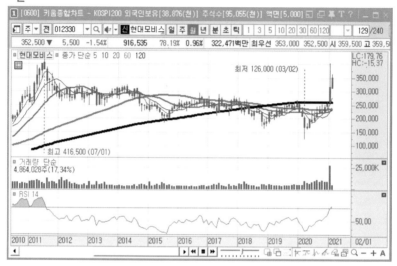

• 주

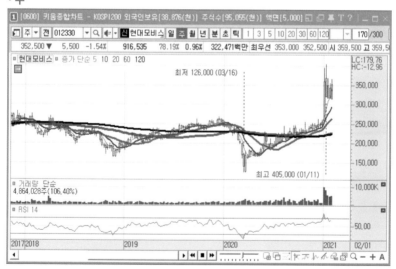

• 일

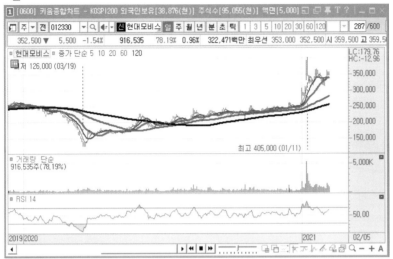

12 LG전자

• 월

• 주

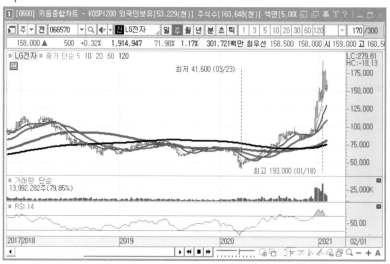

• 일

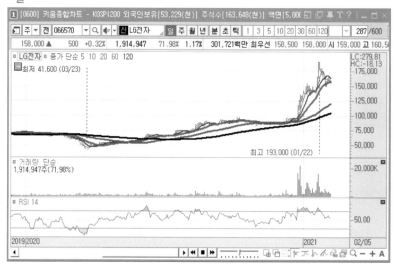

13 SK이노베이션

• 월

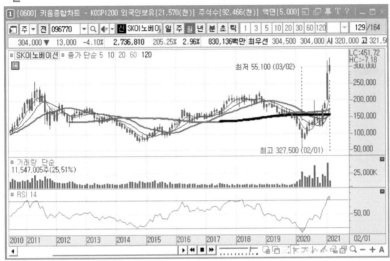

• 주

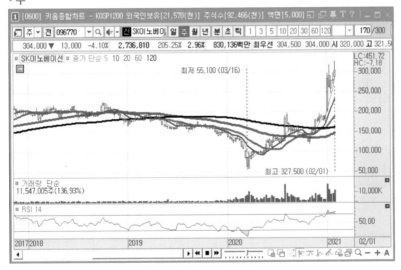

• 일

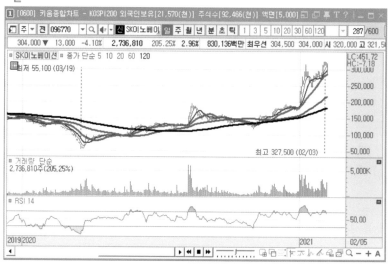

14 삼성물산

• 월

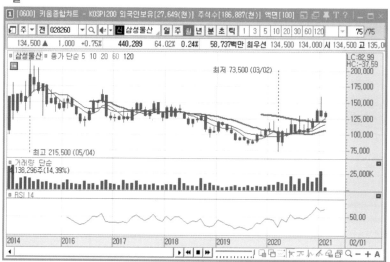

• 주

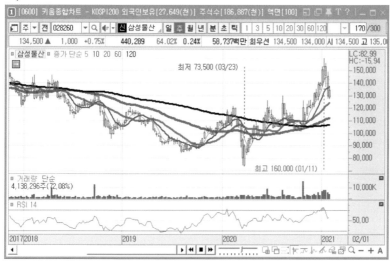

• 일

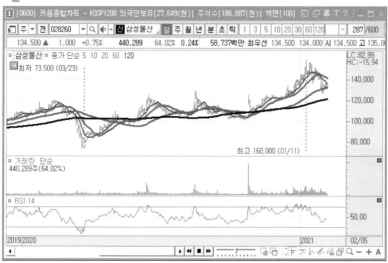

• 월

• 주

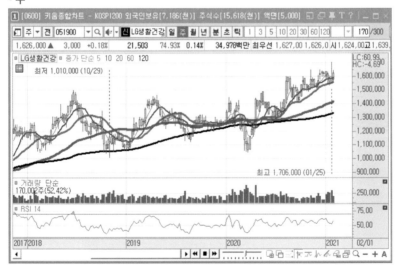

• 일

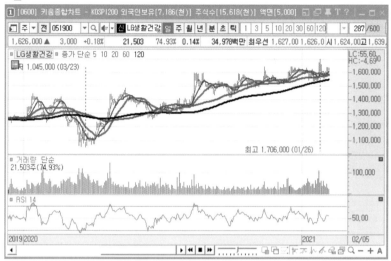

1 셀트리온 헬스케어

• 월

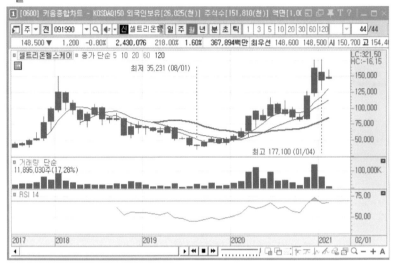

• 주

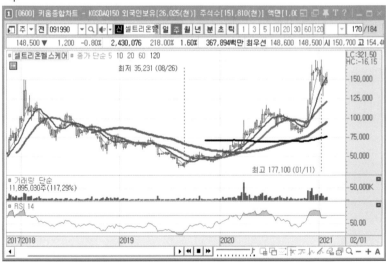

• 일

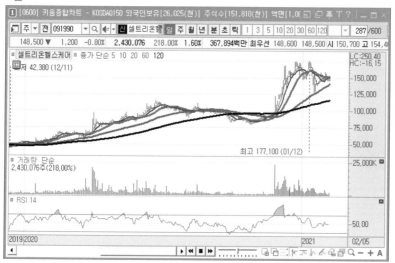

2 셀트리온제약

• 월

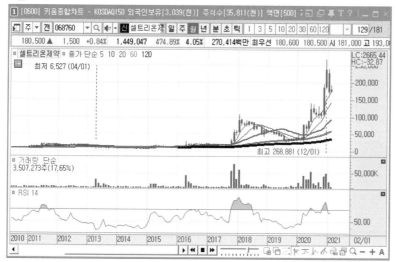

• 주

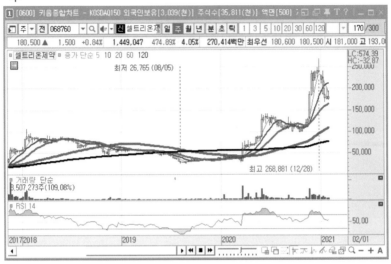

• 일

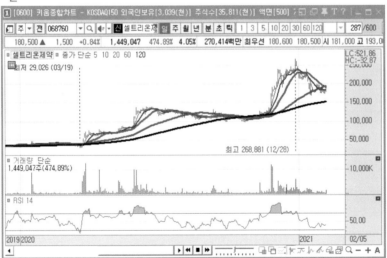

3 에이치엘비

• 월

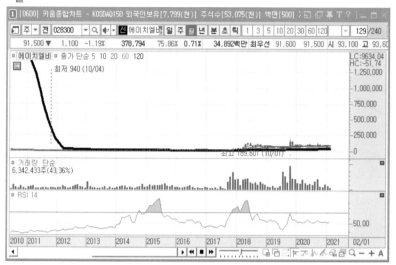

• 주

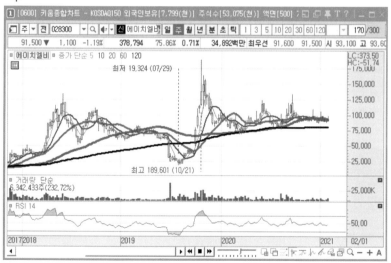

• 일

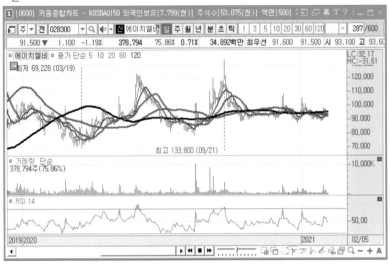

4 씨젠

• 월

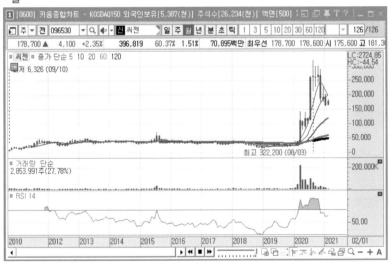

• 주

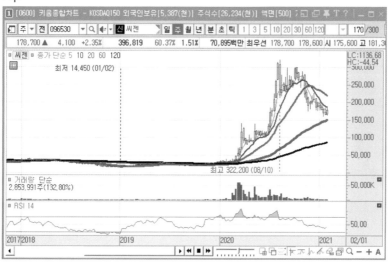

• 일

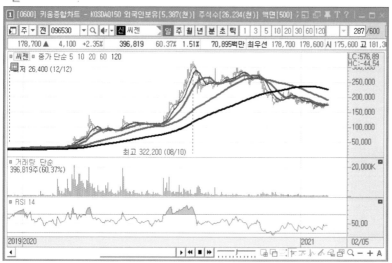

5 펄어비스

• 월

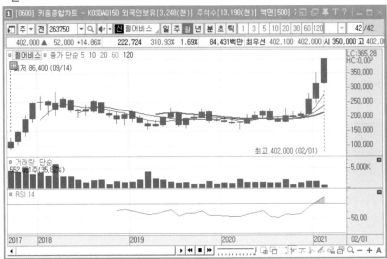

• 주

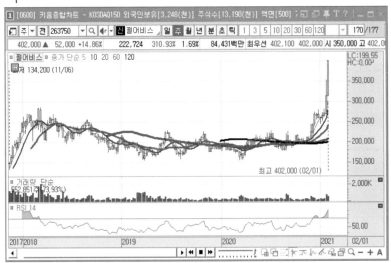

• 일

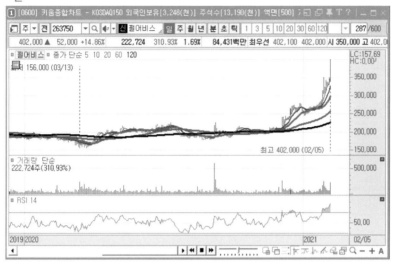

6 에코프로비엠

• 월

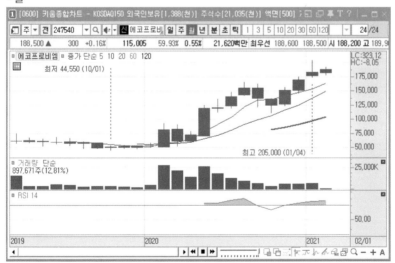

• 주

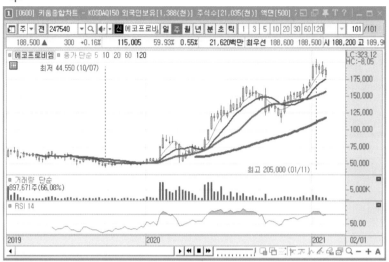

• 일

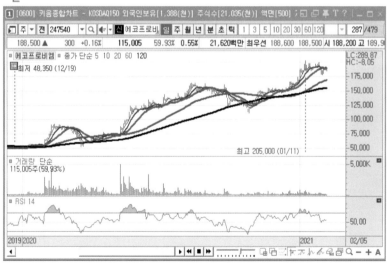

7 알테오젠

• 월

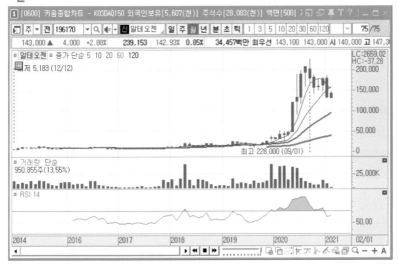

• 주

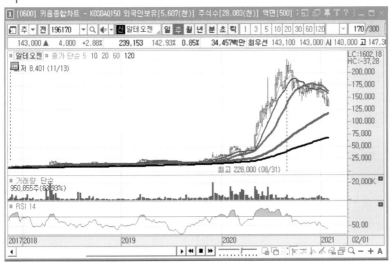

• 일

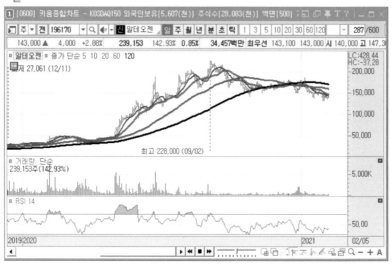

8 카카오게임즈

• 월

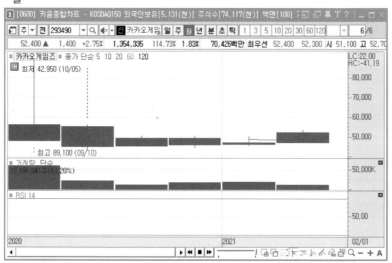

• 주

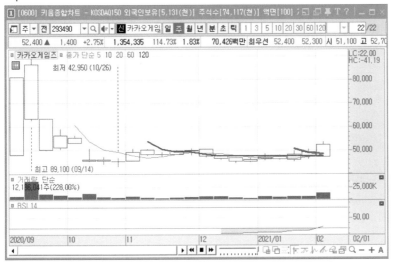

• 일

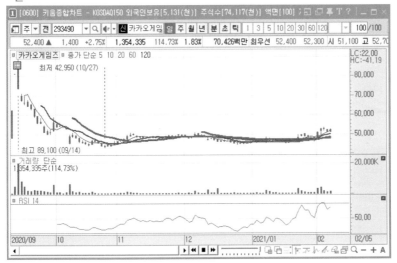

9 CJ ENM

• 월

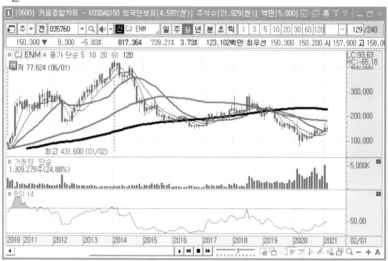

• 주

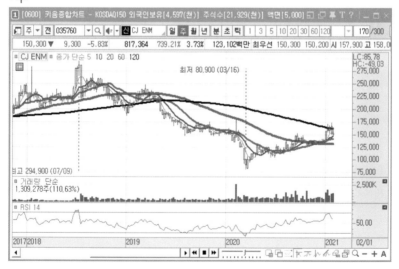

• 일

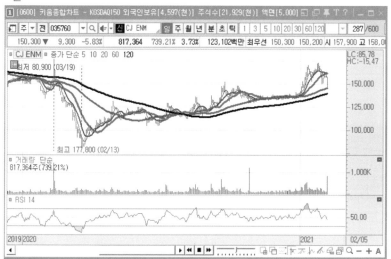

10 SK머티리얼즈

• 월

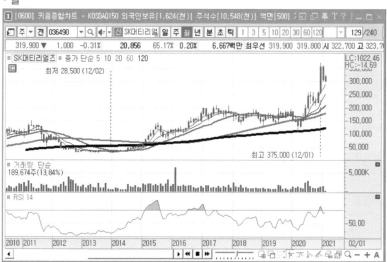

• 주

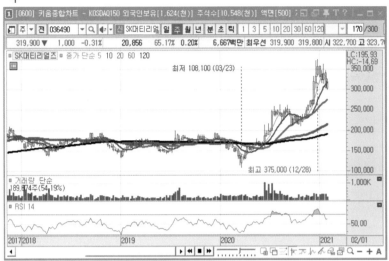

• 일

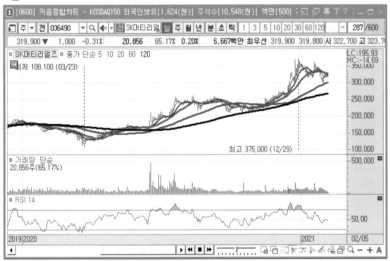

11 셀리버리

• 월

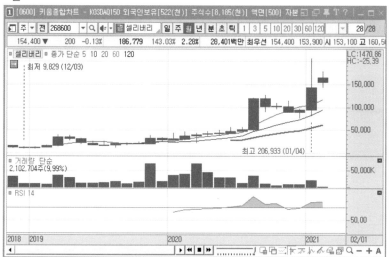

• 주

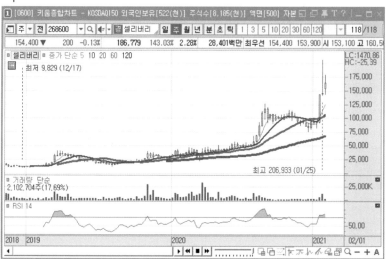

• 일

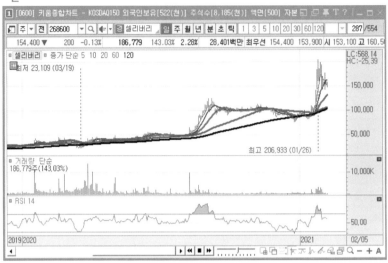

12 케이엠더블유

• 월

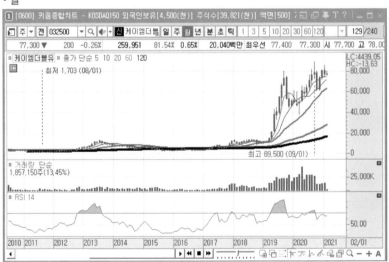

• 주

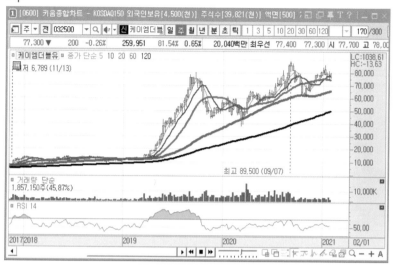

• 일

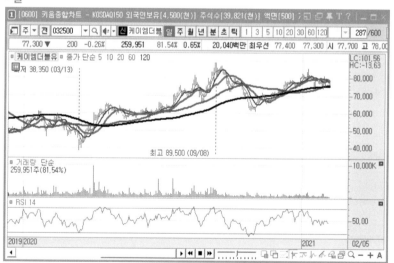

13 스튜디오드래곤

• 월

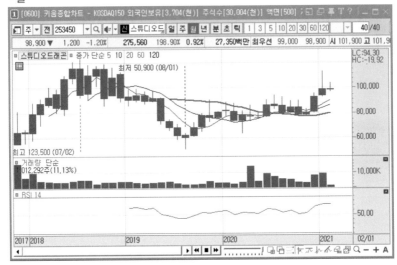

• 주

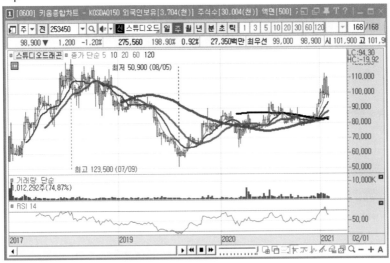

• 일

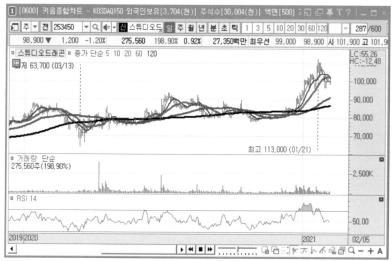

14 원익IPS

• 월

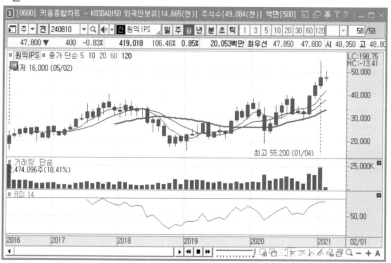

• 주

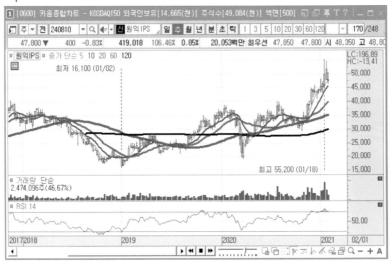

• 일

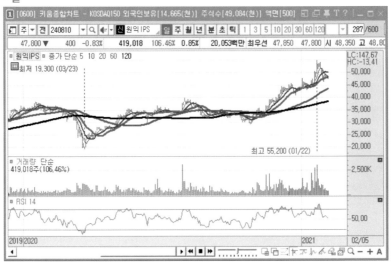

15 휴젤

• 월

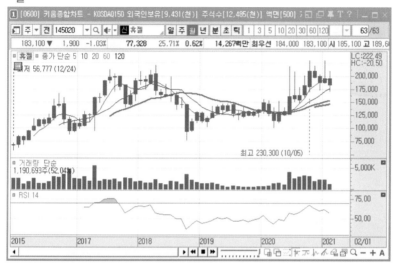

• 주

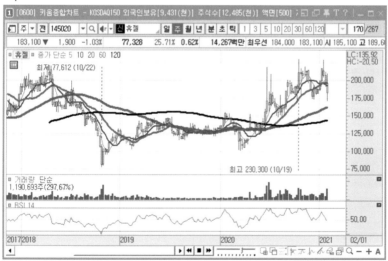

• 일

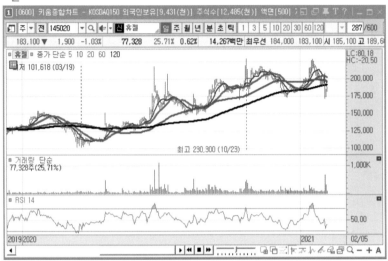

"주식을 사기보다는 때를 사라"

주식투자는 쌀 때 사서 비쌀 때 파는 것이다. 아무리 좋은 주식을 매수한다고 하더라도 매수 시점이 주가의 고점이라면 수익을 내기 힘들다. 도리어 손실을 보게 된다. 같은 종목을 매매하더라도 누구는 수익을 내고 누구는 손실을 보게 되는 것이 바로 매수와 매도의 시점이 다르기 때문이다. 좋은 종목을 선정했으면 그 종목이 원하는 가격에 올 때까지 기다려야 한다. 주식은 상승과 하락이 반복된다. 상승이 있으면 하락이 있고 하락이 있으면 상승이 있다. 조급한 마음에 성급하게 상승하여 고점에 있는 상태에서 매매를 하지 말고 조정을 받아 눌림을 주는 시점에 매매를 해야 수익을 낼 수 있다.

"사고 팔고 쉬어라. 쉬는 것도 투자다"

주식시장은 항상 열린다. 오늘 매매를 못했다고 해도 내일 매매를 하면 된다. 처음 주식투자를 하게 되면 매매 중독증에 걸린다. 현금을 들고 있으면 불안하고 주식을 사고파는 재미에 빠지게 된다. 매매를 하다보면 수익도 나고 손실도 나게 된다. 특히, 큰 수익이나 큰 손실이 발생하였을 때는 반드시 매매를 잠시 쉴 필요가 있다. 큰 수익이 나게 되면 교만에 빠지게 되고 큰 손실이 날 경우에는 원금 회복에 대한 조급함에 빠진다. 둘 다 위험한 상황이다. 원칙 매매를 하지 못하게 되는 것이 교만과 조급함이다. 이럴 때는 잠시 매매를 멈추고 마음을 환기시킬 필요가 있다. 매매를 멈추고 매매 복기를 해보는 것이 좋다. 쉬는 것도 투자라는 것은 쉬는 것이 돈을 지키는 방법 중에 하나이기 때문이다. 매매를 통해 손실날 확률이 높을 때는 쉬는 것이 좋다. 시장 상황이 좋지 않을 때도 매매를 해서 수익이 날 확률보다 잃을 확률이 높으면 쉬는 것이 돈을 버는 방법이다.

"숲을 먼저 보고 나무를 보라"

주가를 볼 때 단기적인 흐름을 보게 되면 큰 흐름을 놓치게 된다. 하루하루 주가는 급등락을 반복하지만 장기적으로 보면 우상향하는 경우가 있고, 우하향하는 경우가 있다. 오늘 주가의 흐름이 좋다고 매수를 하였는데 전체적인 흐름이 우하향이라면 손실을 볼 확률이 높다. 마찬가지로 오늘 주가의 흐름이 좋지 않다고 등한시했던 종목이 큰 흐름 속에서 우상향하여 급등한다면 수익을 낼 수 있는 좋은 기회를 놓치게 된다. 차트를 볼 때는 일봉, 주봉, 월봉을 종합적으로 보아야 한다. 먼저, 주봉이나 월봉을 통해 큰 흐름 속에서 현재의 위치를 보고 일봉을 통해 매수 시점을 살펴보아야 한다. 바다를 멀리서 보면 넓고 평안해 보이지만 가까이서 보면 물결이 끊임없이 일렁이는 것을 볼 수 있다. 주가도 마찬가지로 하루하루는 급등락을 보이지만 큰 흐름에서 보면 큰 흐름 속에서 상승하고 있는 모습을 보일 수 있다. 자칫 하루하루의 등락에 무서워 매매를 못한다면 큰 수익을 낼 기회를 놓치는 우를 범하게 되는 것이다.

"생선의 꼬리와 머리는
고양이에게 주라"

저점에 사서 고점에 파는 것은 주식투자를 하는 모든 사람들의 소원일 것이다. 그렇게만 한다면 누구나 수익을 낼 수 있기 때문이다. 그러나 주가는 신만이 아신다는 말이 있듯이 저점과 고점은 아무도 모른다. 또한 오늘의 저점이 내일의 고점이 될 수도 있고 오늘의 고점이 내일의 저점이 될 수도 있는 것이다. 주가의 위치는 상대적인 것이다. 그래서 저점인지 고점인지를 확신한다면 위험하다. 매수를 하기 위해서는 상승의 징후를 확인한 후에 매매를 하여야 안전하게 수익을 낼 수 있다. 마찬가지로 매도를 하기 위해서는 고점 징후를 확인한 이후에 매도를 하여야 수익을 극대화할 수가 있다. 꼬리와 머리는 아무도 모른다. 꼬리와 머리에 욕심을 부리다가 큰 손실을 볼 수 있다. 욕심을 버리고 매수와 매도의 시점을 상승과 하락의 신호를 확인한 이후에 매매를 해야 한다.

"여유 자금으로 투자하라"

　　주식투자의 대가들이 하나같이 강조하는 말 중에 하나가 여유 자금으로 투자를 하라는 것이다. 주식투자는 원금이 보존되지 않는 위험한 곳이다. 여유 자금이 아닐 경우 손실을 보게 되면 원칙 매매를 할 수가 없다. 주식투자로 수익이 날 때도 있고 손실이 날 때도 있는데 손실이 날 경우 여유 자금이 아니면 손실이 난 상태에서 매도를 해야 하는 상황이 올 수 있다. 뿐만 아니라 심적으로 쫓길 수밖에 없다. 여유 자금이면 수익이 나든 손실이 나든 여유를 가지고 기다릴 수 있는 마음의 여유가 생기지만 여유 자금이 아니면 손실이 나게 되면 마음이 조급해지고 원금 복구에 대한 생각이 강해지면서 잘못된 매매를 하게 된다. 아무리 강조해도 지나치지 않은 여유 자금으로 투자하라는 주식투자를 하는 모든 사람들이 반드시 명심하고 지켜야 하는 원칙 중의 원칙이다.

"소문에 사서 뉴스에 팔아라"

주식시장처럼 정보에 민감한 곳은 없다. 정보 하나에 주가가 급등락을 하기도 한다. 이렇다보니 사실 정보와 거짓정보가 혼재한다. 그래서, 사실 정보와 거짓 정보를 구별하는 것이 중요하다. 사실 정보의 경우 주가에 호재로 작용하게 된다. 흔히 찌라시라고 하는 정보들이 주식시장에 돌게 되며 주가가 상승을 한다. 주가는 선행지표의 성격을 가진다. 어떤 정보가 사실로 판단되어 주가에 반영된다면 그 정보가 현실로 나타나는 순간 주가는 하락한다. 주가는 항상 미래의 기대감으로 상승을 하게 된다. 그리고 그 기대감이 현실이 되는 순간 주가는 하락하게 된다.

"달걀은 한 바구니에
담지 마라"

　주식투자는 위험 자산이다. 원금이 보장되지 않는 리스크가 있다. 주식은 다양한 업종과 다양한 테마가 있다. 주식매매를 하다 보면 강한 흐름을 보이는 종목군이 보이게 된다. 이 경우에 같은 업종이나 같은 테마에 있는 종목들을 같이 사면 안 된다. 상승시에 같이 상승할 수 있지만 하락 시에도 같이 하락한다. 같은 업종이나 같은 테마에 묶여 있는 종목을 피해 분산해 매매를 매야 한다. 이를 포트폴리오라고 하는데 적절한 분산투자를 통해서 리스크를 보완할 수 있다.

"천정권의 호재는 팔고 바닥권의 악재는 사라"

상승하는 주식은 계속 상승할 것 같고 하락하는 종목은 계속 하락할 것 같은 생각이 든다. 이 경우에 상승하는 종목에 호재 뉴스가 나오면 더 상승할 것 같은 생각이 들 것이다. 마찬가지로 하락하고 있는 종목은 연이어 악재 뉴스가 나와서 공포심을 자극한다. 주식투자로 성공하기 위해서는 반대로 생각해야 한다. 상승하여 고점에 있는 종목에 호재 뉴스가 나온다면 매수가 아닌 매도로 대응을 하고 하락하고 있는 종목에서 악재 뉴스가 나온다면 매도가 아닌 매수의 관점으로 대응해야 한다. 물론 주가의 위치와 뉴스의 성격에 따라서 달리 대응해야 하는 경우도 있지만 보편적으로 고점에서 호재 뉴스가 나온다는 것은 물량을 저점에서 매집한 세력이 물량을 개인투자자에게 넘기기 위한 작업을 하고 있을 가능성이 높고 하락하고 있는 종목에 악재 뉴스가 나온다는 것은 세력들이 물량을 개인투자자들로부터 빼앗기 위해 공포심을 만들고 있을 확률이 높다.

"밀짚모자는 겨울에 사라"

쇼핑을 해 보면 알지만, 철이 바뀌기 전에 할인 행사를 한다. 겨울철에 봄 옷을 산다든지, 봄이 다가올 때 겨울옷을 사게 되면 정가보다 할인된 가격에 구매할 수 있다. 마찬가지로 주가도 상승기가 있고 침체기가 있다. 주가는 계속해서 상승하지도 않고 계속해서 하락하지도 않는다. 사이클을 그리면서 상승과 하락을 반복한다. 시장에 따라서 주가가 상승하기도 하고, 하락하기도 한다. 주식시장을 보면 순환매 모습을 보이는 것을 보게 된다. 전기전자, 식료품, 증권주, 건설주 등 업종이 순환하면서 호황과 불황이 나타난다. 지금은 불황으로 주가가 하락해 있지만 시간이 지나면 어느 순간 호황이 오는 것을 볼 수 있다. 이러한 주식의 사이클을 공부하고 업종 공부를 한다면 현재 불황기에 있는 종목을 잘 선별해서 매수한 주식이 호황기에 상승하여 좋은 수익을 낼 수 있다.

"주식과 결혼하지 마라"

주식투자를 하다 보면 유독 마음이 가는 주식이 있다. 주식투자는 수익을 내기 위한 행위 이상도 이하도 아니다. 주식에 사랑에 빠진다는 표현을 쓰는데 특정 종목에 마음을 빼앗기면 안 된다. 특정 주식에 마음을 빼앗기면 객관적인 판단력이 사라지고 좋은 쪽으로만 판단하게 되는 것이다. 수익을 냈으면 매도하고 다른 종목으로 갈아타야 한다. 마찬가지로 손실을 보고 있는 종목은 적당한 시기에 매도로 손실을 끊어야 더 큰 손실을 줄일 수 있다.

"수급은 모든 것에 우선한다"

주식투자의 알파와 오메가는 수급이다. 수급을 우선할 수 있는 것은 없다고 생각한다. 주식시장도 시장의 원리가 적용된다. 사려는 사람이 많으면 상승하고 팔려는 사람이 많으면 하락하는 것이다. 그래서, 주식투자에서 가장 중요하게 보는 지표가 거래량이다. 거래량이 많이 실린다는 것은 많은 사람들의 관심이 있다는 것이고 거래량이 실리면서 상승할 때는 강한 양봉을, 거래량이 실리면서 하락할 때는 강한 음봉의 모습을 보인다. 가끔 아무런 뉴스도 없이 거래량이 실리면서 상승하는 종목을 보게 된다. 이 경우 알지 못하는 호재 뉴스가 숨겨져 있을 가능성이 있다. 뉴스도 없이 대량 거래량이 터지면서 상승한다는 것은 개인이 할 수 있는 것이 아니다. 개인투자자가 세력을 이용할 수 있는 방법 중의 하나가 바로 수급을 보면서 대응하는 것이다. 다른 것은 숨겨도 거래량은 숨길 수가 없다.

"바닥은 깊고 천정은 짧다"

짧게는 수개월에서 수년간 주가가 상승하지 않고 바닥 부근에서 횡보하는 종목을 많이 볼 수 있다. 상승도 하락도 하지 않고 거래량도 많이 실리지 않으면서 장기간 횡보하면 개인투자자는 견디지 못하고 매도하게 된다. 세력들이 물량을 매집하는 경우 짧은 기간이 아닌 장기간에 물량을 매집하게 된다. 그래서 주가가 바닥에 머무는 시간은 길다. 반면에 이렇게 바닥에 있던 주가가 거래량이 실리면서 갑자기 상승하기 시작하면 순식간에 신고가를 만들면서 상승하는 것을 보게 된다. 바닥에서 물량을 매집할 때는 특별히 힘을 들이지 않고 방치하면 되기에 장기간 개인투자자들이 매도하고 나가도록 긴 시간을 횡보시키지만 상승을 시작하게 되면 그때부터는 세력들이 노력을 들여야 한다. 그래서, 짧은 시간에 상승을 시킨다. 장기간에 매집한 물량을 원하는 가격대까지 상승시킨 후 물량을 개인투자자에게 넘기고 빠져나간다.

"산이 높으면 계곡도 깊다"

주가는 사이클을 그리면서 상승과 하락을 반복한다. 작용, 반작용의 법칙처럼 주가가 크게 상승하면 하락도 크다. 매매를 하다 보면 어느 순간 시장에 도취되어서 상승하는 주가가 계속해서 상승할 것 같은 생각에 빠지게 된다. 그러나, 항상 상승한 종목은 하락한다는 것이 진리이다. 마찬가지로 많이 하락한 종목은 상승도 강하게 나오게 된다. 급등한 종목은 항상 하락할 가능성이 높다는 것을 인지하고 매매할 때 주의를 해야 한다.

"무릎에 사서 어깨에 팔아라"

앞 부분에서 살펴본 '생선의 꼬리와 머리는 고양이에게 주라'와 일맥상통하는 말이다. 주가의 사이클에서 어디가 바닥인지 어디가 천정인지를 알 수가 없다. 따라서, 매수를 하는 시점은 반드시 바닥을 다지고 상승의 모습을 확인한 이후에 매수를 하고 매도는 고점의 징후를 보이는 시점에 매도를 해야 수익을 극대화할 수 있다. 조급한 마음에 저점이라고 생각하고 매수를 했는데 하락의 시작점일 수가 있고 고점이라고 생각해서 매도를 했는데 상승 초입 부근일 수가 있다. 물론, 무릎과 어깨의 시점이라고 생각한 부근이 무릎과 어깨가 아닐 수도 있다. 그러나, 여기에서 강조하는 것은 원칙 매매를 말하는 것이다. 상승 신호를 확인한 이후에 매수하고, 하락 신호를 확인한 이후에 매도하는 습관을 강조하는 것이다.

"분할 매수, 분할 매도하라"

주변에 아는 지인 고수분 중에는 시장가 매수, 시장가 매도하는 분도 있지만, 안정적으로 수익을 내기 위해서는 반드시 분할 매수 분할 매도를 해야 한다. 분할 매수를 하는 이유는 주가의 저점 부근을 알 수 없기 때문이다. 분할 매수를 함으로써 매수 단가를 낮출 수가 있고, 분할 매도를 함으로써 저점 매도를 방지할 수 있다. 매매를 하다 보면 가장 지키기 힘든 부분 중의 하나가 바로 분할 매수, 분할 매도이다. 어느 정도 매매를 하다 보면 여기가 확실한 매수 시점이라는 생각이 들 때가 있고, 확실한 매도 시점이라는 생각이 들 때가 있다. 어떨 때는 맞을 수도 있지만, 한 번이라도 실수를 하게 되면 큰 손실을 볼 수 있다.

"천재지변으로 인한
폭락은 사라"

주가는 다양한 영향을 받는데 회사 자체의 문제로 발생하는 주가 하락은 매도로 대응을 해야 하지만, 그 외의 시장 상황이라든지, 천재지변 등의 회사와 상관없는 이유로 폭락이 오는 경우가 있다. 이 경우에는 공포를 사야 한다. 잠시 사람들이 공포감에 이유여하를 불문하고 매도를 하는 경우가 발생하는데 평소 관심에 두었던 종목을 저가에 매수할 수 있는 좋은 기회이다. 일시적인 이런 폭락은 급반등하며 제자리로 돌아가게 된다.

"때가 올 때까지 기다리는 사람이 성공한다"

주식의 대가들이 얘기하는 공통된 말이 큰 수익은 엉덩이로 번다는 것이다. 기다리고 인내할 수 있어야 한다는 것이다. 좋은 종목을 저가에 매수해서 기다리면 누구나 돈을 벌 수 있다. 그런데 너무나도 쉬운 이 원칙을 지키기가 어렵다. 만약, 고가의 자동차나, 물건을 반값이나 그보다도 훨씬 저렴한 가격에 판다면 사지 않겠는가? 당장 사서 중고로 팔아도 엄청난 차익을 낼 수 있기 때문이다. 주식도 마찬가지이다. 지금은 고가이지만 여러 상황으로 가격이 하락하여 바겐세일하는 시기가 와서 매수를 한다면 누구나 수익을 낼 수 있다. IMF나 미국서브프라임, 코로나19 대유행 상황에 폭락한 주식을 매수한 사람들은 누구나 돈을 벌었다. 이 만고의 진리를 알지만 기다리고 실천하는 사람이 많지 않다. 평생에 이런 몇 번의 폭락에서만 매매한다면 상당한 수익을 거둘 수 있을 것이다. 주식의 역사는 반복되기 때문이다.

"대중이 가는 뒤안길에 꽃길이 있다"

인간지표라는 말이 있다. 개인투자자들이 하는 반대로 매매하면 돈을 번다는 말이다. 많은 사람들이 하는 대로 따라해서는 큰 수익을 내기 힘들다. 주식시장도 마찬가지이다. 남들이 관심갖지 않고 소외된 주식을 먼저 매수하여 상승할 때 매도해야 큰 수익을 낼 수 있는 것이다. 인기주 같은 경우는 벌써 가격이 많이 상승하여 수익을 내기 힘들 뿐만 아니라 수익도 적다. 주식시장에서 상위 몇 퍼센트 만이 수익을 내는 이유가 여기에 있다. 대중이 가는 길을 반대로 간다는 것은 쉬운 선택이 아니다. 그러나, 반대 길로 갈 때 큰 이익을 거둘 수가 있다.

"시세는 인기 7할, 재료 3할"

아무리 좋은 재료라고 하더라도 인기가 없으면 주가는 상승할 수 없다. 가끔 주가를 보면 어떤 호재 뉴스가 나와도 상승하지 않고 오히려 하락하는 경우가 있다. 그러나, 대중들이 관심을 가지고 매수하기 시작하면 주가는 급등하게 된다. 주가 상승은 재료가 마중물 역할을 하지만 주가를 끌어올리는 것은 수급, 즉 인기이다. 재료를 호재로 인식하고 수급이 몰릴 때 상승하는 것이다. 주식 중에는 호재가 있지만 상승하지 않는 종목들도 있다. 누구나 아는 호재는 호재가 아닌 경우다. 이 경우 그 호재를 통해 대중들의 인기를 얻을 경우에 주가는 상승한다.

"꿈이 있는 주식이 가장 크게 오른다"

아무리 좋은 재료라고 하더라도 인기가 없으면 주가는 상승할 수 없다. 가끔 주가를 보면 어떤 호재 뉴스가 나와도 상승하지 않고 오히려 하락하는 경우가 있다. 그러나, 대중들이 관심을 가지고 매수하기 시작하면 주가는 급등하게 된다. 주가 상승은 재료가 마중물 역할을 하지만 주가를 끌어올리는 것은 수급, 즉 인기이다. 재료를 호재로 인식하고 수급이 몰릴 때 상승하는 것이다. 주식 중에는 호재가 있지만 상승하지 않는 종목들도 있다. 누구나 하는 호재는 호재가 아닌 경우다. 이 경우 그 호재를 통해 대중들의 인기를 얻을 경우에 주가는 상승한다.

"주식시장에서 승자가 되자!!"

주사위는 던져졌다. 주식시장에 발을 내딛는 순간 여러분은 주식 전쟁터에 참가한 것이다. 양적 완화로 돈의 가치가 사라지고 인플레이션의 시대에 사는 우리에게 투자는 선택이 아닌 필수이다. 피할 수 없으면 즐겨라!

주식은 결코 어려운 것이 아닌 낯선 것이다.

어떤 분야가 되었든지 처음 시작하는 것은 모든 것이 낯설다.

처음 학교에 입학했을 때, 처음 직장에 입사했을 때, 그 이외에도 처음 시작하는 모든 것은 낯설다. 그러나 어느 순간 시간이 지나면 적응이 되는 것이다.

주식시장도 마찬가지다. 처음은 낯설고 어렵게 느껴지는 것이 당연하다. 그러나, 주식시장에서는 다른 것이 있다. 바로 돈이다.

돈이 오가는 곳이다. 단지 낯설고 어색함에서 적응하는 것을 벗어나 돈을 벌어야 하는 곳이다. 적응은 되었지만, 돈을 잃는다면 이곳처럼 지옥은 없다.

어떻게 보면 주식시장은 외로운 곳이다. 자신과 외로운 싸움을 해야 하는 곳이다. 반대로 누구 하나 간섭하지 않는 곳이기도 하다. 컴퓨터나 핸드폰만 있으면 산이나 들이나 전국 어디서나, 인터넷이 되는 해외 어디에서나 가능한 것이 주식이다.

남녀노소, 인종, 종교 등 모든 것에서 차별이 없는 곳이다. 단지, 실력만 있으면 돈을 벌 수 있는 곳이다. 그래서 누구나 쉽게 시작을 하지만, 쉽게 패배를 맛보는 곳이다.

주식을 수십 년 경력을 가진 자와 오늘 계좌를 개설한 초보 투자자가 동등하게 경쟁하는 곳이 주식시장이다. 돈은 가진 자에게 누구보다 충성된 종이지만, 없는 자에게는 누구보다도 잔인한 주인이다.

가난이 대문으로 들어오면 행복이 창문으로 나간다는 말이 있듯이 현재 우리가 사는 세상은 돈 없이는 살기 힘든 세상이다.

우리가 주식을 하는 이유는 돈을 벌기 위한 것이다.

다른 어떤 이유는 없다. 재미로 한다면 주식보다 더 좋은 것이 많으니 찾아보기 바란다.

주식을 시작한 이상 반드시 성공투자자가 되어야 한다.

이 길은 결코 단거리 경주가 아닌 인생에 걸쳐서 이어지는 마라톤이다. 조급하게 단거리 경주에서 이기려고 하다가는 시장에서 퇴출당할 위험이 큰 곳이다. 바로 앞을 보지 말고 5, 10년 후를 바라보고 투자하기 바란다.

시장은 시시각각 변화하고 있다. 주식시장도 끝없이 상승과 하락을 반복하면서 우리를 힘들게 할 것이다. 그러나 그 가운데 누구는 막대한 돈을 벌 기회를 잡을 것이고 누구는 피눈물을 흘릴 수 있다. 준비된 자에게 기회는 오는 것이다.

끊임없이 경제 흐름을 공부하며 책을 읽고 노력해야 한다. 이곳은 천재들이 성공하는 곳이 아니라 꾸준히 공부하고 노력하는 자가 성공하는 곳이다.

지금 당장은 앞이 보이지 않을지 모르지만, 5, 10년 후에는 반드시 노력한 만큼 보답해 주는 곳이 주식시장이다.

한국인의 빨리빨리 문화가 적용되지 않는 곳이 바로 주식시장인 것이다. 인간의 본성인 조급함과 탐욕을 절제하고 인내를 배운다면 반드시 성공할 수 있다.

주식시장은 언제나 기회를 준다. 오늘 안된다고 좌절하지 말고 내일은 될 수 있는 곳이 바로 주식시장이다. 그리고 주식시장은 언제나 열린다.

이곳은 삼진아웃이 없는 곳이다. 본인이 원하는 종목과 자리가 오지 않는다면 인내하고 기다려야 한다.

일 년에 두 번만 매매를 할 수 있다면 어떤 종목을 매매할 것인지를 생각해 보고 주식투자 하는 습관을 지닌다면 반드시 성공할 것이다.

주식투자는 매매 횟수를 줄일수록 성공 확률이 높아진다는 것을 잊지 말기 바란다.

그리고, 가장 주의해야 하는 것이 종목 선정은 반드시 스스로 해야 한다는 것이다. 다른 사람이 추천해 준 종목을 매매하면 절대로 안 된다. 한두 번 성공할 수는 있어도 결국에는 주식시장에서 실패를 맛보게 하는 것이 바로 추천종목 매매이다. 지인이나 전문가가 아닌 나 스스로 종목을 선정하고 매매해야 한다.

인생에 있어서 5, 10년은 긴 시간이 아니다. 참고 인내하며 자신만의 원칙을 찾아 주식매매를 한다면 누구나 성공할 수 있다.

여러분의 건승을 기원하며 주식투자로 모두 다 부자되는 그날을 기대하며 마친다.

참고 문헌 및 인용

《1타 7피 주식 초보 최고 계략: 장기 투자, 단기 매매, 분할 매수, 분할 매도, 자산 배분, 배당 투자, 마음 편한 멘털 관리까지 한 방에 해결하는 세븐 스플릿 시스템》 박성현, 에프엔미디어, 2020. 10.

《2021 상장기업 업종 지도 주식 투자자를 위한 종목 발굴 내비게이션》 박찬일, 에프엔미디어, 2021. 1.

《21세기 자본》 토마스 피케티, 글항아리, 2014. 9.

《고레카와 긴조, 일본 주식시장의 신》 고레카와 긴조, 이레미디어, 2006. 11.

《내일의 부 1, 알파편: 세상에서 가장 빨리 99.9% 부자 되는 법!》 김장섭, 트러스트북스, 2020. 1.

《내일의 부 2, 오메가편: 세상에서 가장 빨리 99.9% 부자 되는 법!》 김장섭, 트러스트북스, 2020. 1.

《돈, 뜨겁게 사랑하고 차갑게 다루어라》 앙드레 코스톨라니, 미래의창, 2015. 9.

《미스터 마켓 2021: 삼프로TV와 함께하는 2021년 주식시장 전망과 투자 전략》 이한영·김효진·이다솔·이효석·염승환, 페이지2, 2020. 11.

《부의 인문학: 슈퍼리치의 서재에서 찾아낸 부자의 길》 브라운스톤, 오픈마인드, 2019. 10.

《선물주는산타의 주식투자 시크릿: 8천만 원 종잣돈으로 124배의 수익을 올린 투자 고수가 되기까지》 선물주는산타, 비즈니스북스, 2020. 4.

《수익내는 주식매매 타이밍: 20년 경력 실전투자대회 6관왕의 매매일지에서 배우는 실전 주식투자의 모든 것》 강창권, 길벗, 2020. 7.

《워런 버핏처럼 주식투자 시작하는 법, 주식 입문자를 위한 투자와 재테크의 핵심 7가지》 메리 버핏·션 세아, 부크온, 2020. 11.

《원전으로 읽는 제시 리버모어의 회상》 에드윈 르페브르, 굿모닝 북스, 2010.12.

《위대한 기업에 투자하라》 필립 피셔, 굿모닝북스 , 2005. 6.

《자본주의: 쉬지 않고 일하는데 나는 왜 이렇게 살기 힘든가》 정지은·고희정, 가나출판사, 2013. 9

《전설로 떠나는 월가의 영웅: 13년간 주식으로 단 한 해도 손실을 본 적이 없는 피터린치 투자법》 피터 린치·존 로스차일드, 국일증권경제연구소, 2017. 4.

《주가 급등 사유 없음: 세력의 주가급등 패턴을 찾는 공시 매뉴얼》 장지웅, 이상미디랩, 2020. 7.

《주식시장을 이기는 작은 책》 조엘 그린블라트, 알키, 2011. 6.

《주식투자 무작정 따라하기: 100만 왕초보가 감동한 최고의 주식투자 입문서》 윤재수, 길벗, 2020. 1.0

《주식투자의 기술》 제시 리버모어, 굿모닝북스, 2010. 8.

《차트분석 무작정 따라하기》 윤재수, 길벗, 2017. 9.

《투자는 심리게임이다》 앙드레 코스톨라니, 미래의 창, 2015. 9.

《투자의 핵심: 제시리버모어 어록》 제시 리버모어, 굿모닝북스, 2011. 1.

《평생 부자로 사는 주식투자: 대한민국 최상위 슈퍼개미의 주식투자론》 남석관, 모루, 2021. 1